# 卓有成效的
# 管理者 （精装版）

[美] 彼得·德鲁克 著  刘澜 译

# DRUCKER

Peter F. Drucker

# The Effective
# Executive

机械工业出版社
CHINA MACHINE PRESS

## 图书在版编目（CIP）数据

卓有成效的管理者 /（美）彼得·德鲁克（Peter F. Drucker）著；刘澜译 . —北京：机械工业出版社，2023.4（2024.6 重印）

书名原文：The Effective Executive

ISBN 978-7-111-72620-3

Ⅰ. ①卓… Ⅱ. ①彼… ②刘… Ⅲ. ①企业管理 Ⅳ. ①F272

中国国家版本馆 CIP 数据核字（2023）第 053342 号

北京市版权局著作权合同登记 图字：01-2022-6773 号。

## 卓有成效的管理者（精装版）

出版发行：机械工业出版社（北京市西城区百万庄大街 22 号 邮政编码：100037）

策划编辑：李文静　　　　　　　　　　　责任编辑：李文静　　闫广文

责任校对：龚思文　　王明欣　　　　　　责任印制：刘　媛

印　　刷：涿州市京南印刷厂　　　　　　版　　次：2024 年 6 月第 1 版第 6 次印刷

开　　本：170mm×230mm　1/16　　　　印　　张：15.5

书　　号：ISBN 978-7-111-72620-3　　　定　　价：99.00 元

客服电话：（010）88361066

　　　　　（010）68326294

如果您喜欢彼得·德鲁克（Peter F. Drucker）或者他的书籍，那么请您尊重德鲁克。不要购买盗版图书，以及以德鲁克名义编纂的伪书。

CONTENTS ► 目 录

　　如果你只读一本关于管理者自我管理的书，那就是这一本，彼得·德鲁克（Peter F. Drucker）的绝对经典《卓有成效的管理者》。这与你的组织有多大无关，甚至与你是否在管理一个组织也无关。任何一个有责任完成正确的事的人——**任何人**，只要他通过设定少数优先事项来管理自己，以实现最大产出——就是一名管理者。

　　我们当中那些卓有成效的人，每天同样是拥有 24 小时，但是他们把这些时间用得更好，通常远远好过天赋更高的人。正如德鲁克在本书开篇所说：拥有极高才华的人往往"极其低效"。如果天赋异禀的人都是这样，我们这些芸芸众生还有希望吗？事实上，我们有比希望更好的东西：德鲁克提供给我们的用于修炼的一些实践技巧。

　　我第一次读到《卓有成效的管理者》，是在 30 岁出头的时候，那是我成长之旅的一个巨大转折点。我现在再次拿起这本书，发现书中的教导已经根植于我的大脑，几乎变成了我的宗教戒律。德鲁克的某些例子可能不再新鲜，某些措辞也许有些陈旧，但这些洞见永不过时，尽管是他在 50 多年前写下来的。它们历久弥新，在今天同样有用。我在这里写下我从彼得·德鲁克（有史以来最伟大的管理思想家）和这本书中学到的十堂课，作为大家进入德鲁克思想的一个小小入口。

## 1. 首先管理你自己

"一个人能够真正管理他人，这种说法远远没有被充分证明过。"德鲁克写道，"但是一个人总是能够管理自己。"如果你不首先期望自己达成最高水平的绩效，你怎么可能期望别人这样做呢？德鲁克提出了一条组织绩效法则：领导者的绩效与其团队的绩效的比值是个常数。因此，如果你想要提高你周围那些人的平均绩效，你必须首先提高自己的绩效。

## 2. 做你擅长之事

德鲁克最引人注目的一个观点是，我们在大多数事情上都是无能的。关键的问题不是如何将无能转化为卓越，而是要问："一个人能做得非常好的是什么？"这就自然而然地得出一个结论：你的首要责任是确定你**自己**的独特能力——**你**能做得非常好的地方，**你**真正擅长之事，然后以此为罗盘，指引你的生活和职业。德鲁克大胆宣称："用人之短，不仅愚蠢，而且不负责任。"德鲁克强调"用人之长"，是否意味着永远不要直面我们（或他人）的短处？是，又不是。这意味着如果你注定要成为一名长跑运动员，就不要试图成为一名橄榄球中线卫球员。同时，如果你的短处直接影响了你充分发挥自己的长处，那么必须解决这个问题。迈克尔·乔丹（Michael Jordan）在其篮球生涯末期，再也不能像年轻时那样，以同样的高度和力量飞向篮筐，因此他开始打造一个自己之前没有的长处——后仰跳投。他消除了影响自己发挥长处的一个关键短处，将他的后仰跳投变成另一项乔丹式必杀技。做你擅长的，而且要越来越擅长；消除短处，**但只是**对长处有影响的短处。

## 3. 以你最擅长的方式工作（让别人也这样做）

如果你是工具，被放在地球上以发挥作用，那么这个工具如何工作得最好？有些人在晚上工作得好，另一些人则是在上午。有些人通过阅读吸收信息最好，另一些人则通过倾听。有些人整天投入做一件事情做得好，另一些人则在一天中穿插做不同事情做得好。有些人以项目为导向，另一些人则以流程为导向。有些人需要休假，另一些人则盼着假期结束回去工作。有些人喜欢团队作战，另一些人则喜欢独自工作。按照德鲁克的说法，我们习惯于不同的工作方式，就像有人是右撇子而有人是左撇子一样。我很早就发现，自己早上会比下午更有创造力。德鲁克给了我信心，让我可以把早上的时间留出来，作为自己不受打搅的创意时间。按自己的最佳方式工作，这个责任只能你自己承担起来。你越早这样做，你就可以越早开始充分利用自己生命中的岁月，可以越多享受这些岁月累积起来的可能高达数万小时的效果。

## 4. 计算你的时间，让它有价值

德鲁克教导说，要想管理，就要衡量。如果我们不能**准确地**把握时间的去向，怎么可能奢望管理好自己的时间呢？在德鲁克的启发下，我制作了一张电子表格，其中有一个关键指标：每天的创意小时数。

我强制自己一年要保持在 1000 个创意小时以上。这一机制让我坚持创意的"长征"——进行研究、开发概念和写作，尽管出差、管理团队、提供咨询这些负担越来越重。除了计算时间，你还必须让你的时间有价值。德鲁克写道，那些完成大量难事的人士，他们的"秘诀"在于**一次只做一件事**，他们拒绝让时间在"不起眼的一点一滴"中被浪费掉。这需要一种修炼，将时间整合为不同类型的三大块。第一，为个人的思考创造一个完整的时间段，最好是在一天中最清醒的时候；这些安静的时间可能只有 90 分钟，但即使是最忙碌的管理者也必须有规律地这样做。第二，为他人和必要之事创造大块的故意未做结构化安排的从容时间。第三，投入地参加重要的会议，特别是利用精心设计的例会来促进对话、辩论和决策；用你的一些思考时间来为会议做准备和跟进的工作。

## 5. 准备更好的会议

"我很抱歉给你写了一封长信，因为我没有时间写短信。"这句经常被引用的俏皮话可以用于会议："我很抱歉把你困在这个漫长的会议中，因为我没有时间准备一个简短的会议。"卓有成效的人士制定了充分利用会议的"配方"，并且坚持应用这些"配方"。就像烤制美味饼干有很多配方一样，好的会议"配方"也有很多种。不过德鲁克强调了两种常见的"成分"：要有明确的目的（"我们为什么要开这个会议？"）和严格的后续行动。那些擅长开会的人，在准备会议上花的时间常常远远多于花在会议本身上的时间。因为准备不充分，不能够把会议开得更短、更好，而浪费别人的时间，就等于偷走别人的一部分生命。尽管我们都必须主持会议，至少是参加会议，但如果会议对工作没用就不应该开；如果会议支配了你的时间，那么你很可能在虚度生命。

## 6. 如果只做一个决策就足够了，那么就不要做一百个决策

我们每天都遭遇各种情况、机会、问题、事件，看起来所有这些都要求我们做决策。行还是不行，去还是不去，买还是卖，进攻还是撤退，接受还是拒绝，答复还是忽视，继续投入还是获利退出，雇用还是辞退。这一切可能让人感觉很混乱，但卓有成效的人士在混乱中找到模式。在德鲁克看来，我们很少面对真正独特的、一次性的决策。而且，任何一个好的决策都有间接成本：它需要争论和辩论，需要时间来反思和聚焦，需要花费精力来确保出色地执行。因此，考虑到这种间接成本，最好放宽视野，做出一些可以应用于大量特定情况的重大的通用决策，找出一种模式——简而言之，**从混乱走向概念**。想想看，这就好比沃伦·巴菲特（Warren Buffett）做投资决策一样。巴菲特学会了忽略绝大多数的可能性，几乎把它们当作背景噪声。他做出了几个重大的决策，其中之一是从以超低价格购买平庸的公司转变为以合适价格购买伟大的"盈利机器"，然后一次又一次地复制这个通用的决策。对德鲁克来说，那些把握了巴菲特的精髓（即"无所作为可以是非常聪明的行为"）的人，远比那些做出数百个决策却没有一以贯之概念的人更加有成效。

## 7. 找到你最独特的影响

我的一位朋友在成为一所顶尖大学的管理委员会主席时，向我提

了一个问题："我怎么才知道我这个工作做得好不好？"我先想了想德鲁克会怎么说，然后回答："确定对大学未来贡献最大的一件大事，然后像乐队指挥一样来安排实现它。如果你做出了一项与众不同的贡献，我指的是没有你的领导就不会做出的一个关键决策（即使没有人认可你的催化作用），那么你就提供了一项很好的服务。"德鲁克将这一理念应用到自己的咨询工作中。当我问他对客户有什么贡献时，他谦虚地说："一般来说，我从他们那里学到的东西，多于他们从我这里学到的。"然后，他特意停顿了一下，加上一句话："当然，在每个项目中，都有一个非常基本的决策，如果没有我，他们做不出来。"请你回答：只有你才能做出的一个非常重要的对世界的贡献，是什么？

## 8. 停止你不想开始的事情

有一个不断扩充的待办事项清单，却没有一个清楚的停办事项清单，这是修炼不够。聚焦于优先事项意味着清除杂事。有时，处理堆满问题的盘子，最好的方法是干脆把整个盘子里的东西都扔进垃圾桶，然后把盘子洗干净，重新开始。最重要的是，我们不能因为忙于解决最大的问题，不能因为纠缠于过去的错误，而错失我们最大的机会。把重心从过去转向未来，为明天而创造，总是问自己："下一步是什么？"然而，当过去的问题喧嚣着吸引我们的注意力时，当我们生活在过去所积累的遗产中时，我们怎么做到这一点呢？德鲁克以一个问题的形式给出了答案，这是他军火库中威力最大的武器之一：你已经在做的某件事情（从事一项生意，雇用一个人，执行一个政策，启动一个项目，等等），如果现在来决策是否**开始**，你还会开始吗？如果不会，那么你为什么要坚持？

## 9. 精益运行

德鲁克最重要的洞见，是组织与生物有机体在一个关键方面很相似：内部体积的增长速度超过其表面积的增长速度。因此，随着组织的发展，越来越多的能量用于管理内部事务，而不是对外部世界做出贡献。将这一点与德鲁克的另一个真理结合起来一起用：在一个关键位置上，一个优秀的人所取得的成就，比把这个位置分给多个良好的人合起来所取得的成就还要大。找到更好的人，把真正重要的事情交给他们做，扩大他们的责任，并且创造条件让他们做好工作。要抵制在车上为特定的个人（特别罕见的天才除外）重新设计座位的诱惑，因为这将不可避免地产生你不需要的座位。<sup>⊖</sup>"人越少，规模越小，内部活动越少，"德鲁克写道，"组织就越接近完美。"

## 10. 要有用

在我刚刚 36 岁的时候，《产业周刊》（*Industry Week*）杂志的主编汤姆·布朗（Tom Brown）不知使了什么招数，得以让德鲁克邀请我到加州克莱蒙特去拜访他。一天，我在斯坦福大学教完课后，点击我的录音电话机，听到了响亮的带有奥地利口音的留言："我是彼得·德鲁克。"我给他回电话约定时间，问是否应该通过他的助手来

---

⊖ 柯林斯在这里把组织比喻为车，把职位比喻为车上的座位。他在自己的《从优秀到卓越》一书中提出了一个重要原则：先让正确的人上车，再决定车开向何方。——译者注

安排，他回答说："我就是自己的秘书。"他的生活很简单，没有工作人员，没有研究助理，没有正式的办公室。他在一所不大的房子的备用卧室里工作，用一台咔嗒咔嗒响的老式打字机打字，打字机摆在与主书桌垂直的一张边桌上。他在自己的客厅里会见那些呼风唤雨的CEO，不过不是坐在办公桌前，而是坐在一张藤椅上。就以这种简简单单的方式，德鲁克成为20世纪最具影响力的管理思想家。

如果标记出我生命中最重要的10天，我与德鲁克第一次会面的那天必然是其中之一。德鲁克致力于解决一个巨大的问题：我们怎样才能使社会变得更具生产力和人性化？他的热情体现了他自己的人性。我和他一见面就体会到了这一点。他打开前门，用两只手握住我的手，说："柯林斯先生，太高兴见到你了。请到里面来。"他自己的生产力也非常惊人。有一次，我问他，在他的26本书中，哪一本是他最自豪的，当时86岁的德鲁克回答说："下一本！"之后他又写了10本书。

那天结束时，德鲁克向我抛出了一个挑战。我即将离开斯坦福大学的教员岗位，押注于一条自我创造的道路，这让我有些害怕。"在我看来，你花了太多时间担心自己的生存问题，"德鲁克说，"你的生存大概没什么问题。"他继续说："你似乎还花了太多精力，考虑如何才能成功。但它是一个错误的问题。"他停顿了一下，然后抛出一句话，像是禅宗大师的一记棒喝："正确的问题是，如何才能**有用**！"一位伟大的老师可以在30秒内改变你的生活。

我们每个人都只有一条短暂的生命，所有人都一样，每周只有168小时。它将累积成什么？它将如何改变其他人的生活？它将为世界带来什么不同？彼得·德鲁克（一个没有组织、有一所普通的房子和一张藤椅的人）给我们做出了示范，告诉我们一个卓有成效的人可以做出多大的贡献，也告诉我们不要把影响的大小与组织的大小混为一谈。说到底，他达到了一个老师所能达到的最高境界：他传授的每一个思想，他都做出了榜样，他的拥有惊人的、持久影响力的一生，是他的教诲的活生生的证明。

吉姆·柯林斯

科罗拉多州博尔德市

2016 年 5 月 17 日

管理书籍通常讲述管理他人，本书的主题则是卓有成效<sup>⊖</sup>地管理自己。一个人能够真正管理他人，这种说法远远没有被充分证明过。但是一个人总是能够管理自己。实际上，如果管理者<sup>⊜</sup>不能够卓有成效地管理自己，也就不可能管理好同事和下属。管理在很大程度上就是树立榜样。管理者如果不知道如何在自己的职位和工作<sup>⊜</sup>上做到卓有成效，那就是树立了错误的榜样。

　　一个人要做到合理地卓有成效，光靠智力、勤奋和知识是不够的。

---

⊖　effective（及其变化形式 effectiveness 等）是本书贯穿始终的关键词，直译为"有效的"，译文中尽量统一译为"卓有成效"。德鲁克在第 1 章中把 effectiveness 与 efficiency（有效率的）进行比较，指出前者指"做正确的事"，后者指"正确地做事"。——译者注

⊜　executive 也是本书贯穿始终的关键词，本义指"高管"，而 manager 的本义则泛指各种管理者，与 executive 相对时指层级较低的管理者。德鲁克在本书中有特别的用法，用 executive 指真正影响了组织成果的人，可能有职位，也可能没有职位，而用 manager 指有职位的人。因此，译文中统一把 executive 译为"管理者"（不一定有职位，不一定有下属），而把 manager 译为"经理人"（有职位的人、有下属的人）。理解"管理者"和"经理人"的区别是理解本书最主要的关键点。——译者注

⊜　德鲁克在这里把 job 和 work 并列，意味着两者不同。本书中，job 一般指职位，work 一般指工作。区分"职位"与"工作"也是理解本书的关键之一。——译者注

卓有成效是另外的、不同的事情。但是要做到卓有成效，并不需要特殊的天赋、特殊的能力、特殊的训练。卓有成效要求管理者**做**一些特定的、相当简单的事情。卓有成效由一些数量不多的实践⊖构成，它们将在本书中被提出和讨论。这些实践不是人"天生"就会的。我当咨询顾问 45 年了，跟众多管理者打过交道，他们来自各种各样的组织（大的、小的，企业、政府机构、工会、医院、社区服务机构，美国的、欧洲的、拉美的、日本的），我没有遇到一个可以说是"生来如此"、天生就卓有成效的管理者。所有卓有成效的管理者都不得不通过学习来变得卓有成效。然后，他们还不得不反复练习这些卓有成效的实践，直到它们变成习惯。但是，所有这么做的人最终都成功了。卓有成效能够通过学习掌握，也**只能**通过学习掌握。

管理者领取报酬，就是要做到卓有成效，无论他们是对自己以及他人绩效负责的经理人⊜，还是只对自己绩效负责的个人专业贡献者。不管在工作中投入了多少智力和知识，也不管投入了多少时间，没有做到卓有成效，也就没有"绩效"。然而，我们现在还几乎没有关注卓有成效的管理者，这可能并不十分令人惊讶。组织（不管是商业企业、大型政府机构、工会、大医院，还是大学）毕竟是崭新的事物。一个世纪前，除了偶尔去邮局寄信之外，几乎没有人和这样的组织打过交道。而且，管理者不仅要"在"组织中卓有成效，还要"穿透"组织

---

⊖ 实践（practice）是本书的关键词之一。请注意德鲁克后文对实践的阐述。柯林斯在推荐序已经提到了实践，以及在本书中所用的与实践意义相近的另外一个词——修炼（discipline）。——译者注

⊜ 见前面对"管理者"的译注。请注意贯穿本书的对管理者和经理人的区分。——译者注

做到卓有成效。<sup>○</sup>直到最近，人们没有太多理由去关注卓有成效的管理者，或者去担心太多管理者没有做到卓有成效。然而，如今的多数人，尤其是那些接受过多年学校教育的人，其整个职业生涯都会在这样那样的组织中度过。所有发达国家都进入了组织社会。现在，个人的卓有成效越来越依赖于他在组织中成为一个卓有成效的管理者的能力。现代社会的卓有成效以及它创造绩效的能力（甚至可能包括它求得生存的能力）越来越依赖于组织中的人们成为卓有成效的管理者的能力。卓有成效的管理者正在迅速成为社会的一种关键资源，而成为卓有成效的管理者正在迅速成为个人（不管是职场新人，还是资深人士）取得成果和成就的首要条件。

---

○ "穿透"组织做到卓有成效，应该是指后文"我能贡献什么"一章中所强调的管理者要向上看和向外看，尤其是向外看。——译者注

导 论

# 怎样才能成为
# 一个卓有成效的管理者

THE EFFECTIVE EXECUTIVE

本文于 2004 年 6 月发表于《哈佛商业评论》。

一个卓有成效的管理者**不**一定是人们通常所说的领导者。例如，哈里·杜鲁门（Harry Truman）几乎没有什么魅力，但他是美国历史上最卓有成效的首席执行官之一。同样，在我超过 65 年的咨询生涯中，与我共事过的一些最好的企业和非营利组织的首席执行官，也不是刻板的领导者。他们在个性、态度、价值观、长处和短处方面多种多样，从外向的到近乎遁世的，从随和型的到控制型的，从慷慨的到吝啬的，不一而足。

他们之所以都卓有成效，是因为他们都遵循了以下八项实践：

- 他们问："需要做什么？"
- 他们问："对企业来说，什么是正确的？"
- 他们制订了行动计划
- 他们对决策负责
- 他们对沟通负责
- 他们聚焦于机会而不是问题
- 他们开有成果的会议
- 他们想的和说的是"我们"而不是"我"

前两项实践给了他们所需的知识。接下来的四项帮助他们将这些知识转化为有效的行动。最后两项确保了整个组织都感到有责任和义务。

## 获得你需要的知识

第一项实践是问"需要做什么？"。请注意，这个问题不是："我想做什么？"提问必须做什么，并认真对待这个问题，对于管理上的成功至关重要。如果不问这个问题，即使是最有能力的管理者也会变得无效。

当杜鲁门在 1945 年成为总统时，他很清楚自己想要做什么：完成罗斯福新政的经济和社会改革，这些改革被第二次世界大战（以下简称二战）推迟了。不过，当他问到需要做什么时，杜鲁门意识到，外交事务具有绝对的优先权。于是，在自己的工作日，他首先安排由国务卿和国防部长讲授外交政策。结果，他成为美国有史以来在外交事务方面最卓有成效的总统。他通过马歇尔计划引爆了持续 50 年的西方经济增长。

同样，当杰克·韦尔奇（Jack Welch）接任通用电气（General Electric）的首席执行官时，他意识到通用电气需要做的不是他想启动的海外扩张，而是砍掉那些无论多么有利可图都无法成为其所在行业第一或第二名的业务。

对"需要做什么？"这个问题的回答，几乎总是包含一个以上的紧急任务。但卓有成效的管理者不会使自己分身。如果可能的话，他们会集中精力完成一项任务。如果他们属于那些在工作中改变节奏从而工作效果最好的人（相当一部分少数人），他们就会选择两项任务。我从来没有遇到过一个管理者在一次处理两项以上的任务时还能保持高效。因此，在提问需要做什么之后，卓有成效的管理者会确定任务优先级并坚持下去。对一个首席执行官来说，优先任务可能是重新定义公司的使命。对一个事业部负责人来说，它可能是重新定义事业部与总部的关系。其他任务，无论多么重要或吸引人，都会被推迟。然而，在完成原来最优先的任务后，管理者会重新设定任务优先级，而不是转到原来清单上的第二项任务。他会问："现在必须做什么？"这通常会产生新的、不同的优先任务。

有必要再次提到美国最著名的首席执行官。根据杰克·韦尔奇的自传，他每五年都会问自己："**现在**需要做什么？"而每一次，他都会提出一个新的、不同的优先任务。

不过，韦尔奇在决定未来五年的工作重点之前，还思考了另一个问题。他问自己，在清单上最重要的两三项任务中，哪一项最适合他自己承担。然后，他集中精力完成这项任务，其他任务则由他授权给别人来完成。卓有成效的管理者试图把注意力集中在他们会做得特别好的工作上。他们知道，如果最高层管理者创造绩效，企业就会创造绩效；否则，企业就不会创造绩效。

卓有成效的管理者的第二项实践（与第一项实践同样重要）是要问："对企业来说，什么是正确的？"他们不会问这对所有者、股票价格、员工或管理者来说是否正确。当然，他们知道股东、员工和管理者是重要的支持者，这些人必须支持某个决策，或者至少默许这个决策，这个决策才可能有效。他们知道，股票价格不仅对股东很重要，对企业也很重要，因为市盈率决定了资本成本。但他们也知道，一个对企业来说不正确的决策最终对任何利益相关者来说也不会正确。

这第二项实践对家族所有企业或家族经营企业——很多国家的大多数企业——的管理者来说特别重要，尤其是当他们做人事决策时。在成功的家族企业中，只有当一个亲属比同级别的所有非亲属雇员都有明显的优势时，他才会被提拔。例如杜邦（DuPont）公司，在公司作为家族企业经营的早期，所有高层经理人（除了财务总监和律师）都是家族成员。创始人的所有男性后裔都有权在公司获得入门级的工作。只有当一个专门小组判定某家族成员的能力和绩效优于同级别的所有其他雇员时，他才能获得晋升，而这个专门小组主要由非家族经理人组成。英国家族企业 J. Lyons & Company（现在是一家大型企业集团的一部分）遵循了这些规则，得以主宰英国的餐饮业和酒店业达一个世纪之久。

问"对企业来说，什么是正确的？"，并不能保证会做出正确的决策。即使是最优秀的管理者也是人，因此容易犯错和产生偏见。但是，不问这个问题几乎可以保证会做出错误的决策。

## 写一份行动计划

管理者是行动者，他们管人、理事。在将知识转化为行动之前，知识对管理者来说是无用的。在开始行动之前，管理者需要规划自己的路线。他需要考虑预期的结果、可能的限制、未来的修订、检查点，以及他将如何花费时间。

首先管理者通过提问来定义预期结果："在未来 18 个月到 2 年内，企业应该期望我做出什么贡献？我将承诺什么结果？有什么样的最后期限？"然后，他会考虑行动的限制因素："这个行动方案是否符合道德？它在组织内部是否可以接受？它是合法的吗？是否符合组织的使命、价值观和政策？"肯定的答案并不能保证该行动会有效。但是，违反这些约束条件肯定会使它既错误又无效。

行动计划是对意图的陈述，而不是承诺。它绝不能成为一种束缚。它应该经常修订，因为每一次成功都会创造新的机会。每一次失败也是如此。商业环境和市场也是如此，企业内部人员的变化更是如此，所有这些变化都要求对计划进行修订。一个书面计划应该预先留出一定的灵活空间。

此外，行动计划还要求建立一个对预期结果进行检查的系统。卓有成效的管理者通常会在他们的行动计划中设置两次这样的检查。第一次检查是在计划期过半时，例如，在 9 个月的时候。第二次是在结束时，在制订下一个行动计划之前。

最后，行动计划必须成为管理者时间管理的基础。时间是管理者最稀缺和最宝贵的资源。组织（无论政府机构、企业还是非营利组织）本质上都是时间的浪费者。只有让行动计划来决定管理者如何花费时间，它才起到了作用。

据称，拿破仑（Napoleon）说过，没有一场成功的战役是按照计划进行的。然而，拿破仑也对他的每一场战役制订了计划，比之前的任何将军都要细致得多。如果没有行动计划，管理者就会被事件牵着鼻子走。如果没有在事件发生时按计划进行检查，管理者就无法知道哪些事真正重要，哪些只是噪声。

## 行　　动

管理者将计划转化为行动时，需要特别注意决策、沟通、机会（而不是问题）和会议。我将逐一探讨这些问题。

## 对决策负责

人们在做出一项决策之前需要知道：

- 负责执行该决策的人的姓名

- 最后期限

- 决策将影响哪些人，让这些人可以了解、理解和批准该决策，或者至少不强烈反对该决策

- 决策需要告知哪些人，即使他们没有受到该决策的直接影响

由于没有考虑到这些因素，大量的组织决策遇到了麻烦。30年前，我的一个客户在快速增长的日本市场上失去了领先地位，因为该公司在决定与一个新的日本合作伙伴建立合资企业后，从未明确由谁来通知采购代理商，该合作伙伴是以米和公斤而不是英尺<sup>⊖</sup>和磅<sup>⊜</sup>来定义其产品规格的——也没有人转达这一信息。

事先定好时间对决策定期评估与一开始就谨慎做出决策一样重要。这样一来，一个错误的决策就可以在酿成大错之前得到纠正。这些评估可以针对所有内容进行，从决策的结果到所依据的假设。

对于那些最关键和最困难的决策，也就是关于人员雇用或晋升的决策，这样的评估尤其重要。对人事决策的研究表明，只有1/3是真正成功的，还有1/3说不上好坏，而其余1/3则是失败的，是彻头彻尾的失败。卓有成效的管理者知道这一点，并在6～9个月后核查他们的人事决策结果。如果发现结果不佳，他们的结论不是这个人没有

----

⊖　1英尺 =0.3048 米。
⊜　1磅 =0.4536 千克。

创造绩效，而是自己犯了一个错误。在一个管理良好的企业中，大家都明白，在新职位上失败的人，特别是在晋升之后失败的人，可能不是应该受到指责的那个人。

管理者也应该对组织和同事们负责，对在重要职位上绩效不佳的人不能心慈手软。绩效不佳可能不是员工的错，但即便如此，他们也必须被解职。对于在新职位上失败的人，应该给他们提供回到之前的级别和薪酬的职位上的选择。但一般没有公司会这样做，而这些人往往主动离职了，至少在美国公司是这样。如果提供这样的选择，可以起到很大的作用，可以激励人们放弃安全、舒适的职位，敢冒风险接受新任务。组织要取得绩效，靠的就是员工愿意冒这样的风险。

系统的决策评估也可以成为自我发展的有力工具。管理者将决策的结果与预期进行对照，可以知道自己的长处是什么，需要改进什么，缺乏什么知识或信息。系统的决策评估把他们的偏差展示出来。很多时候，它告诉他们，决策没有产生成果是因为没有把正确的人放在该职位上。把最好的人分配到合适的岗位上，这项工作至关重要，但也尤其艰难，许多管理者都忽略了，部分原因是最好的人已经在忙现有的工作了。系统的决策评估也让管理者看到自己的短处，特别是那些根本就不胜任的领域。在这些领域，聪明的管理者不会做出决策或采取行动。他们委派给别人来做。每个人都有这样的领域，不存在全能的天才管理者。

大多数关于决策的讨论都认为，只有高层管理者才会做出决策，或者只有高层管理者的决策才是重要的。这是一个危险的错误。组织的各个层级都在做决策，首先从个人专业贡献者和一线主管开始。在一个知识型组织中，这些看似低级的决策是极其重要的。知识工作者应该比其他人更了解他们的专业领域（例如税务会计），所以他们的决策可能会对整个公司产生影响。在每个层级，做出好的决策都是一项关键技能。在知识型组织中，这项技能需要被明确地传授给每个人。

## 对沟通负责

卓有成效的管理者要确保他们的行动计划和信息需求都能被理解。具体来说，这意味着他们要与所有同事（上级、下级和同级）分享他们的计划并征求他们的意见。同时，他们让每个人知道他们需要哪些信息来完成工作。从下级到老板的信息流通常是最受关注的。但管理者需要对同级和上级的信息需求给予同样的关注。

由于切斯特·巴纳德（Chester Barnard）1938 年的经典著作《经理人员的职能》<sup>⊖</sup>（*The Functions of the Executive*），我们都知道组织之所以能维系在一起，靠的是信息，而不是所有权或命令。然而，有太多的管理者表现得好像信息及其流动是信息专家（例如会计）的工作。结果，他们得到了大量不需要也无法使用的数据，但他们需要的信息却很少。解决这个问题的最好方法是，每个管理者都要确定他所需要的信息，提出要求并不断推动，直到他得到这些信息。

## 聚焦于机会

优秀的管理者聚焦于机会而不是问题。当然，问题必须得到处

---

⊖　本书中文简体字版已由机械工业出版社出版。

理，它们不能被掩盖起来。但问题的解决，无论多么必要，都不会产生成果。它可以防止损害。利用机会则产生成果。

最重要的是，卓有成效的管理者将变化视为机会而不是威胁。他们系统地观察公司内部和外部的变化，并问："我们如何利用这一变化，使其成为我们企业的一个机会？"具体来说，管理者在下述七种情况下寻找机会：

- 在自己的企业、对手企业或行业中出现的意外成功或失败
- 在市场、流程、产品或服务中，现有状况和可能状况之间的差距（例如，在19世纪，造纸业只关注每棵树中成为木浆的那10%，而完全忽视了其余90%所具有的可能性，这90%就被浪费了）
- 流程、产品或服务的创新，无论是在企业或行业内部的还是外部的
- 行业结构和市场结构的变化
- 人口统计特征
- 心智模式、价值观、认知、心态或意义的变化
- 新知识或新技术

卓有成效的管理者确保问题不会压倒机会。在大多数公司，月度管理报告的第一页列出了关键问题。更明智的做法是，把机会列在第一页，把问题留到第二页。除非有真正的灾难，否则在管理会议分析和适当处理机会之前，不要讨论问题。

人事是聚焦机会的另一个重要方面。卓有成效的管理者把最好的

人放在把握机会上而不是解决问题上。把人用在把握机会上的一个方法是，要求管理团队的每个成员每 6 个月准备两份清单——一份是整个企业的机会清单，另一份是整个企业绩效最好的人员名单。讨论后形成两份总清单，并将最佳人员与最佳机会相匹配。顺便说一下，在日本的大企业或政府部门，这样的匹配是人力资源管理的一项主要任务。这种实践成为日本企业的一个关键优势。

## 让会议富有成效

在二战期间和此后的几年里，美国最引人注目、最强大的非政府管理者，也可以说是最卓有成效的非政府管理者，不是一个商人，而是枢机主教弗朗西斯·斯佩尔曼（Francis Cardinal Spellman）。他是罗马天主教纽约总教区的负责人，也是几位美国总统的顾问。当斯佩尔曼接手时，该教区已经破产，士气低落。当他的继任者接手时，该教区已在美国天主教会中居领导地位。斯佩尔曼经常说，他白天只有两次独处，每次 25 分钟：早上起床后在他的私人小教堂做弥撒，晚上睡觉前做晚祷。除此之外，他总是和别人在一起开会，从早餐时与一个天主教组织的会议开始，到晚餐时与另一个组织的会议结束。

高层管理者在缺乏自己的时间上面，并不像一个主要天主教教区的大主教那样极端。但对管理者工作日的每项研究都发现，即使是初级管理者和专业人士，在每个工作日中也有一半以上的时间与他人一起度过，也就是说在开会。只有少数资深研究人员才是例外。即使只和一个人谈话，也算是一种会议。因此，管理者如果要做到卓有成效，就必须让会议富有成效。他们必须确保会议围绕工作进行，而不是随意闲谈。

召开有效会议的关键是事先决定它将是什么样的会议。不同类型的会议需要做不同形式的准备和取得不同的成果。

**准备一份声明、公告或新闻稿的会议**。为了使会议富有成效，一个成员必须事先准备一份草案。在会议结束时，一个预先指定的成员负责分发最终定稿。

**发布公告的会议**——例如，发布关于组织变革公告的会议。这类会议应该只限于宣布和讨论公告。

**由一个成员做报告的会议**。除报告外，不应讨论其他内容。

**由几个或所有成员做报告的会议**。要么完全不讨论，要么讨论只限于澄清问题。或者，对于每个人的报告，可以进行简短的讨论，所有与会者都可以提出问题。如果是这样的形式，报告的书面材料应该在会议前早早分发给所有与会者。这种会议应对每个人的报告预先限定时间——例如 15 分钟内。

**对参会管理者进行通知的会议**。管理者应该倾听并提出问题。他应进行总结，但不做陈述。

**唯一作用是让参会者与管理者见面的会议**。斯佩尔曼枢机主教的早餐和晚餐会议就是这种类型。没有办法使这些会议富有成效。它们是身处高位的人不得不承受的负担。高层管理者在多大程度上卓有成效，取决于他们在多大程度上防止此类会议侵占他们的工作日。例如，斯佩尔曼在很大程度上是卓有成效的，因为他将此类会议限制在早餐和晚餐时间，并在其工作日的其他时间不开这种会议。

让会议富有成效需要高度自律。它要求管理者确定会议类型，并坚持按相应的要求开会。一旦会议的具体目的达成，就有必要立即终止会议。优秀的管理者不再提出其他问题进行讨论。他们进行总结，然后散会。

良好的后续行动与会议本身一样重要。后续行动的大师是阿尔弗雷德·斯隆（Alfred Sloan），他是我知道的最卓有成效的企业管理者。斯隆从20世纪20年代到50年代领导通用汽车（General Motors），他每周6个工作日中的大部分时间都在开会——每周有3天参加有固定成员的正式委员会会议，另外3天是与通用汽车个别管理者或一小群管理者开临时会议。在正式会议开始时，斯隆宣布会议的目的。然后他就听着，不做笔记，除了澄清某个令人困惑的问题，很少发言。会议结束时，他总结一下，感谢与会者，然后散会。随后，他立即写一份致某位与会者的简短的备忘录。在备忘录中，他总结了讨论情况和结论，并详细说明了会议决定的每一项工作任务（包括决定就该主题或讨论某个问题举行另一次会议）。他具体说明任务的截止日期和对该任务负责的管理者。他把备忘录的副本发给所有出席会议的人。正是通过这些备忘录（每份都堪称一篇小小的杰作），斯隆使自己成为一个杰出的卓有成效的管理者。

卓有成效的管理者知道，任何特定的会议要么富有成效，要么完全浪费时间。

## 用"我们"来思考和说话

最后一项实践是这样的：不要想或说"我"，要想并说"我们"。

卓有成效的管理者知道他们负有最终的责任，这种责任不能分享或委派给他人。但是他们也知道，他们之所以拥有权威，只是因为组织把权威委托给了他们。这意味着，他们在考虑自己的需要和机会之前，要先考虑组织的需要和机会。这一条可能听起来很简单，但其实不然，需要严格遵守。

我们刚刚回顾了卓有成效的管理者的八项实践。我最后再多说一项。这项实践是如此重要，以至于我要把它提升到规则的高度：**先听，后说**。

卓有成效的管理者在个性、长处、短处、价值观和信仰方面存在很大差异。他们的共同点是，都会完成正确的事情。有些人的卓有成效是天生的。但是，对卓有成效的管理者的需求量太大了，不可能靠超凡的天才来满足。卓有成效是一项修炼。就像每一项修炼一样，卓有成效**可以**被学会（be learned），也**必须**被炼成（be earned）。

第 1 章

# 卓有成效是可以学会的

THE EFFECTIVE EXECUTIVE

卓有成效是管理者的职责所在。毕竟，"有效"（effect）和"管理"（execute<sup>⊖</sup>）是近义词。无论管理者就职于企业或者医院、政府机构或者工会、大学或者军队，他首先应该**完成正确的事**，简而言之，就是他应该做到卓有成效。

然而，卓有成效的管理者可谓凤毛麟角。管理者的智力通常较高，想象力也不缺乏，知识水平也很高。但一个人的卓有成效与他的智力、想象力或知识之间似乎没有什么关联。聪明的人往往极其低效。他们没有意识到，敏锐的洞察力本身并不是成就。他们从未了解到，只有通过勤奋的、系统的工作，才能使洞察力变为卓有成效。相反，在每一个组织中，都有一些卓有成效的埋头苦干者。当其他人陷入疯狂忙碌时（"睿智"的人往往会将忙碌与"创造力"混为一谈），这些埋头苦干者则像古老寓言中的乌龟一样，一步一个脚印，率先到达目的地。

智力、想象力和知识是不可或缺的资源，但只有卓有成效的工作才能将它们转化为成果。它们自身只是为所能达到的目标设定了限制。

## 我们为什么需要卓有成效的管理者

上文所述，应该都是显而易见的。如今，关于管理者任务的书籍和文章汗牛充栋，但是这样一个时代为什么却几乎没有关注管理者的

---

⊖　executive 在本书中译为"管理者"，因此与之对应的动词 execute（通常译为"执行"等）在此处译为"管理"。——译者注

卓有成效问题？

　　导致这种忽视现象的一个原因是，卓有成效是一个组织内知识工作者的特有技术。而直到最近，组织中的知识工作者才多起来。

　　对于体力工作，我们只需要效率，也就是要求具备"正确地做事"的能力而非"做正确的事"的能力。体力工作者有明确且个别的产出，例如一双鞋；对他们的考核，总是能够以其产出的数量和质量为标准。在过去的 100 年里，我们已经学会了如何衡量体力工作的效率和如何界定其质量——以至于我们已经能够大幅增加单个工作者的产出。

　　以前，体力工作者（无论是机器操作员还是前线士兵）在所有组织中都占主导地位。组织只需要少数卓有成效的人：那些在顶层发出命令供其他人执行的人。他们在整个工作人口中的比例非常小，以至于我们可以（不知是对是错）把他们的卓有成效视为理所当然。在那时候，我们能够依靠那些"天生"卓有成效的人。在人类努力的任何领域，这样的人都只是极少数——我们其他人不得不苦苦学习才懂得的东西，他们轻松就掌握了。

　　■　这种情况不仅在企业和军队中存在。今天我们很难意识到，在 100 年前的美国内战期间，"政府"只意味着极少数的人。林肯（Lincoln）的战争部长只有不到 50 名文职下属，其中大多数人不是"管理者"和政策制定者，而是电报员。西奥多·罗斯福（Theodore Roosevelt）时代（1900年左右）在华盛顿的整个美国政府机构，今天可以舒适地安置在国家广场周边的任何一座政府大楼里。

以前，医院不存在"健康服务专业工作者"，比如 X 光和化验室技术人员、营养师和心理治疗师、社会工作者等；现在，医院却为每 100 个病人雇用多达 250 个这样的专业工作者。以前，医院除了少数护士外，只有清洁女工、厨师和女佣；医生是唯一的知识工作者，护士则是他的助手。

换句话说，就在不久以前，组织的主要问题在于按指示行事的体力工作者的表现效率。之前，知识工作者在组织中并不占主导地位。

事实上，早期的知识工作者中，只有一小部分人是各种组织的成员，而大多数则是作为专业人员独自工作的，顶多有一名文员辅助。他们是否卓有成效，只与他们自己有关，只影响他们自己。

然而，大规模的知识型组织是当今最重要的现实。现代社会是由大型组织化机构组成的社会。每一个机构，包括军队，都以知识工作者为中心了。他们用来工作的是智慧的头脑，而不是发达的肌肉或者灵巧的双手。这些人接受教育去运用知识、理论和概念，而不是运用体力或手工技能。他们中的多数人越来越多地就职于各种组织，他们对组织做出的贡献，决定了他们是否卓有成效。

现在，卓有成效再也不能被视为理所当然。现在，它再也不能被忽视。

我们为体力工作（从工业工程到质量控制）所开发的强制性的考核系统以及那些测试，并不适用于知识工作。一个工程部门迅速为错误的产品绘制出漂亮的蓝图，这样做既不能取悦造物主，也没有生产力。做**正确**的事，才能使知识工作卓有成效。这是不能用体力工作的任何标准来衡量的。

知识工作者不能被严密或细致地监督。他只能被协助。但他必须引导自己，他必须引导自己以做出绩效和贡献，也就是说，做到卓有成效。

■ 前段时间，《纽约客》（ *The New Yorker* ）杂志上的一幅漫画显示，一间办公室的门上有一位传奇人物的简介：查斯·史密斯，阿贾克斯肥皂公司销售总经理。空荡荡的墙上，只挂着一个大牌子，上面写着：思考。办公室里有个男人，把脚撑在桌子上，对着天花板吐着烟圈。外面有两个较年长的人走过，其中一个对另一个说："但是我们怎么能确定史密斯在思考肥皂的事呢？"

的确，人们永远无法确定知识工作者在想什么，但思考是他的特有工作，思考就是他所"做"的事。

知识工作者的动力取决于他是否卓有成效，取决于他是否能够有所成就。$^{\ominus}$如果在工作中不能卓有成效，他对工作的奉献精神以及随

---

$\ominus$ 这一点在所有研究中都得到了体现，尤其是在三部实证性著作中：弗雷德里克·赫茨伯格（Frederick Herzberg）与 B. 毛瑟（B. Mauser）和 B. 斯奈德曼（B. Snyderman）合著的《工作动机》（ *The Motivation to Work* ）（纽约：威利出版社，1959 年出版）；戴维·C. 麦克莱兰（David C. McClelland）的《成就社会》（ *The Achieving Society* ）（新泽西州普林斯顿：Van Nostrand 出版公司，1961 年出版）；弗雷德里克·赫茨伯格的《工作与人性》（ *Work and the Nature of Man* ）（克利夫兰：世界出版公司，1966 年出版）。

之而来的贡献很快就会枯竭，他将成为一个朝九晚五混日子的人。

知识工作者并不生产本身就有效用的东西。他不生产实物产品，例如一条水沟、一双鞋、一个机器零件。他生产的是知识、创意、信息。这些"产品"本身是无用的。其他人，即另一个有知识的人，必须把它们用作输入，并转化为自己的产出，它们才有现实意义。最伟大的智慧如果没有应用于行动和行为，就只是毫无意义的数据而已。知识工作者必须做一些体力工作者不需要做的事情，他必须做到卓有成效。因为他的产品并不像一双做工精良的鞋子那样自带效用。

知识工作者是一项主要的"生产要素"，通过他们，当今高度发达的社会和经济体（包括美国、西欧、日本等）获得并保持竞争力（而且苏联也日益如此）。

■ 这对美国来说尤其如此。美国可能具有竞争优势的唯一资源是教育。美国的教育可能有很多不尽如人意的地方，但其投入远超贫穷社会所能承受的程度。这是因为，教育是我们至今所知道的最昂贵的资本投资。培养一个自然科学的博士，就要投入10万～20万美元的社会资本。即使是没有任何特定专业能力的大学毕业生，也需要5万美元或更多的投资。这只有非常富有的社会才能负担得起。

因此，教育是所有社会中最富有的美国拥有真正优势的一个领域——只要它能使知识工作者具有生产力。对知识工作者来说，生产力意味着有能力完成正确的事情。它意味着卓有成效。

# 管理者的定义

现代组织中的每一个知识工作者，如果凭借自己的职位或知识，负责为组织做贡献，而这种贡献对组织创造绩效和获得成果的能力会产生实质性影响，那么他就是一个"管理者"。这种能力可能是一家企业推出新产品或在特定市场上获得更大份额的能力，也可能是一家医院为病人提供床边护理的能力，等等。这样的男人（或女人）必须做决策，他不能只是唯命是从。他必须对自己的贡献负责。而且，凭借他的知识，他应该比其他人更有能力做出正确的决策。他的决策可能被推翻，他可能被降职或解雇。但只要他有职位，相应的目标、标准和贡献就由他来负责。

大多数经理人都是管理者——虽然不是全部。但在现代社会，许多不是经理人的人也正在成为管理者。正如我们在过去几年中所了解的那样，知识型组织里承担责任、负责决策和拥有权力的岗位，既需要"经理人"，也需要"个人专业贡献者"。

也许最能说明这一事实的，是最近报纸对越南丛林中一位年轻的美国步兵上尉的采访。

■ 记者问道："在这种混乱的情况下，你怎么能保持对下属的指挥？"这位年轻的上尉说："在这里，我只是负责任的人。如果这些人在丛林中遭遇敌人时不知道怎么办，我是无法告诉他们的，我离得太远。我的职责是确保他们知道怎么办。他们怎么办取决于现场的状况，而只有他们能判断这种状况。责任永远是我的，但决定权在现场的每个人手中。"

在游击战中，每个人都是一个"管理者"。

有许多经理人并不是管理者。换句话说，许多人是其他人的上司，而且往往是相当多的其他人的上司，但仍然没有对组织创造绩效的能力产生重大影响。制造业工厂的大多数领班就属于此类。他们是字面意义上的"监工"。他们管理其他人的工作，因而是"经理人"。但他们对工作的方向、内容、品质或创造绩效的方法，既没有责任，也没有职权。在很大程度上，仍然能够以效率和品质来衡量和评价他们，并且，我们已经开发出的衡量和评价体力工作者工作和绩效的标准，能够用来衡量和评价他们。

反过来说，一个知识工作者是不是管理者，并不取决于他是否管理他人。在一家企业中，做市场研究的那个人可能有 200 名下属，而这家企业的最大竞争对手的市场研究者则是单打独斗，只有一名秘书是他的下属。这两家企业期待这两个人做出的贡献，应该没有多大差异，只有行政事务细节上的不同罢了。当然，200 个人可以比 1 个人多做很多工作，但这并不意味着他们的产量和贡献更大。

知识工作既不是由数量界定的，也不是由其成本界定的。知识工作是由其结果界定的。对此，团队规模和管理幅度根本代表不了什么。

有许多人从事市场研究，可能会赋予工作结果更多的洞察力、想象力和质量，使公司有可能迅速成长和成功。如果是这样，200 个人的成本是很低的。但同样有可能的是，这位市场研究经理人会被大量问题淹没——这些问题是 200 个人在工作和互动中产生的。他可能太忙于"管理"，以至于没有时间进行市场研究和基本决策。他可能太忙于核对数字，以至于他从未问过这样一个问题："当我们说'我们的市场'时，我们真正的意思是什么？"结果，他可能没有注意到市场的重大变化，而这些变化最终可能导致公司倒闭。

但是，没有下属的那个市场研究者也可能同样富有成效或毫无成效。他可能为公司的繁荣昌盛提供知识和洞见。或者他可能花费大量时间对细节穷追不舍（这些细节就像注脚，而学者们经常把纠缠于这些注脚误认为就是研究），以至于对任何事物都视而不见、听而不闻，思考就更少了。

在我们的每一个知识型组织中，都有这样的人，他们虽然没有管理任何人，却是管理者。我们确实很少发现像在越南丛林中那样的情形：在任何时候，整个团队的任何成员都可能需要做出攸关大家生死存亡的决策。但是，研究实验室中的化学家决定遵循一条研究路线而不是另一条研究路线，就可能做出攸关其公司未来前途的业务决策。他可能是研究主任，但他也可能是（而且往往是）没有管理职责的化学家，甚至是一个资历相当浅的人。同样地，如何在会计账簿中考量一个"产品"，这样的决策可能是由公司的一位高级副总裁来做，<sup>⊖</sup>也可能是由一个资历尚浅的人来做。在今天的大型组织的各个方面，都是如此。

---

　⊖　关于这一点，参见我的《为成果而管理》（*Managing for Results*）一书，特别是第 2 章。

　　我已经把那些知识工作者、经理人或个体专业人士称为"管理者"，他们需要凭借其职位或知识，在正常工作过程中做出相应的决策，即对整体绩效和成果具有重大影响的决策。他们绝不占知识工作者的大多数。这是因为，和所有其他领域一样，知识工作中也有非技术性工作和常规工作。但他们在整个知识工作者队伍中的比例，比任何组织结构图所显示的都要大得多。

　　许多组织已经认识到这一点，所以开始为经理人和个人专业贡献者在认可和薪酬上提供双重职业通道。⊖然而，很少有人意识到，即使在当今最平凡的组织中，无论是企业、政府机构、研究实验室还是医院，有多少人不得不做出具有重大且不可逆转影响的决策。毫无疑问，知识的权威和职位的权威一样具有正当性。这些决策与组织最高管理层的决策同属一类。（这是卡普尔先生在本页脚注所提及的发言中提出的主要观点。）

　　我们现在知道，级别最低的经理人所做的工作，与公司总裁或政府机构主管所做的工作，可能是一样的，那就是计划、组织、整合、激励和衡量。他做的事可能规模不大，但在这个范围内，他就是一个管理者。

　　同样地，每个决策者都做着与公司总裁或政府机构主管相同的工作。他的工作范围可能相当有限。但他就是一个管理者，即使他的职能或名字既没有出现在组织结构图中，也没有出现在内部通讯录上。

---

　　⊖　第十三届国际管理大会 1963 年 9 月在纽约举行。美国电话电报公司（贝尔电话系统公司）的负责人弗雷德里克·R. 卡普尔（Frederick R. Kappel）在会上的发言，是我所知道的最好的发言。《为成果而管理》一书的第 14 章引用了卡普尔先生的主要观点。

无论是首席执行官还是新手，都需要卓有成效。

本书中使用的许多例子都来自首席执行官的工作和经验，他们来自政府、军队、医院、企业等不同组织。使用这些例子的主要原因是它们容易找到，大多来自公开的报道。此外，大事比小事更容易分析和理解。

但本书的主题并非高层人士在做什么，或者他们应该做什么。本书的目标读者是每一个通过自己的行动和决策，对组织的绩效能力负有贡献责任的知识工作者。本书是为每一个我称之为"管理者"的人而写的。

## 管理者面临的现实

管理者的现实状况既要求他做到卓有成效，又使之极难实现卓有成效。事实上，除非管理者很努力去实现，否则现实状况将使他们一事无成。

看一看一个组织**外**的知识工作者的现实状况，就会发现问题所在。一个医生大体上不存在卓有成效的问题。走进他办公室的病人带来了使医生的知识产生成效的一切因素。和病人在一起的时候，医生通常可以全身心地投入到病人身上。他可以将干扰降到最低。医生应该做出的贡献是明确的。什么是重要的，什么是不重要的，是由病人的疾病决定的。病人的抱怨决定了医生的优先事项。目标、目的已经给出：使病人恢复健康，或至少使他更舒适。医生们并不以其组织自己、组织工作的能力而闻名，但他们中很少有人在卓有成效方面遇到困难。

　　组织中的管理者处于完全不同的地位。在他的状况中有四大现实，他基本上无法控制。每一个现实都根深蒂固地存在于组织和管理者的日常工作中。他别无选择，只能"与不可避免的现实合作"。但是这些现实中的每一个都给他带来了压力，使他无法取得成果和绩效。

　　1. 管理者的时间往往属于其他所有人。如果人们试图从运营上（即通过他的活动）定义"管理者"，就不得不把他定义为组织的囚徒。每个人都可以占用他的时间，而且每个人都这样做。任何一个管理者对此似乎都无能为力。他往往不能像医生那样，把头伸到门外，对护士说："我在接下来的半小时内不会见任何人。"即便他这样说了，也许就在这个时候，他的电话响了，他必须与公司最好的客户或市政府的高级官员或他的老板通话，接下来的半小时就这样溜走了。<sup>⊖</sup>

　　2. 除非采取积极行动，改变生活和工作在其中的现实，否则管理者就会被迫不停地干"运营"层面的事情。

　　在美国，人们常常抱怨，尽管公司总裁或任何其他高层人士现在负责整个企业，应该把时间用于引领企业发展方向，但是他们仍然继续管理市场营销或工厂。这有时被归咎于这样一个事实：美国的管理者们通常都是从职能部门和运营部门逐渐成长起来的，当他们走上全

---

　　⊖　这一点在苏内·卡尔松（Sune Carlson）的《管理者行为》（*Executive Behavior*）一书（斯德哥尔摩：Strombergs 出版公司，1951 年出版）中得到了明确的体现。这本书研究了大型公司的高层管理者，真实记录了高层管理者的时间使用情况。在卡尔松教授的这项研究中，即使是最卓有成效的管理者，也发现他们的大部分时间都被他人的要求所占用，或者用于其他目的，而这对他们的卓有成效几乎没有任何助益。事实上，也许管理者被定义为通常没有自己时间的人会更为恰当，因为他们的时间总是被别人的重要事项所抢占。

面管理工作岗位时，难以摒弃自己的聚焦于"运营"的老习惯。但是，在那些职业阶梯相当不同的国家，也可以听到完全相同的抱怨。例如，在日耳曼语国家，高层管理者通常从总部的秘书处晋升而来，那里的人一直是作为"通才"开展工作的。然而，在德国、瑞典或荷兰的公司中，高层管理者因管理"运营"活动而受到的批评与美国的一样多。当我们审视各个组织时，这种倾向也不仅仅局限于高层，它充斥着整个管理者队伍。这种"运营"倾向一定另有其原因，而不是来自职业阶梯，更不是来自人性中的反常因素。

根本问题在于管理者面临的现实。除非他采取经过深思熟虑的行动来改变它，否则将遭遇"事件流"（即各种事件接踵而来），从而决定他关心什么、做什么。

医生可以随事件流而行动。当病人进来时，医生会抬头说："你今天为什么来这里？"希望病人能告诉他相关的情况。病人说："医生，我睡不着。过去三周我一直无法入睡。"他是在告诉医生什么方面是优先的。即使医生在仔细检查后确定，失眠只是表面症状，背后还有更根本的病情，他也会先采取措施帮助病人在接下来的几个晚上睡好觉。

但事件本身却很少告诉管理者任何情况，更不用说真正的问题了。对医生来说，病人的抱怨是核心，因为它是病人关注的核心。管理者关注的是一个更为复杂的世界。事件本身并不会告诉你哪些事件很重要，哪些事件只是分散人的注意力的。病人的叙述是医生诊断的线索，在这个意义上，这些事件甚至连症状都不是。

如果管理者被事件流所左右，让事件决定自己的工作分配，他就会把自己浪费在"运营"活动上。他可能很优秀，但是知识和能力就被浪费了，并没有取得任何成效。管理者需要有标准来确定哪些事情是真正重要的，是自己为了做出贡献和取得成果而需要真正投身其中的。在事件流中是找不到这样的标准的。

3. 第三个将管理者推向无效的现实是，他身处一个**组织**之内。这意味着，只有当其他人利用他的贡献时，他才是卓有成效的。组织是放大个人长处的工具。组织利用个人的知识，将其作为其他知识工作者的资源、动力和愿景。知识工作者很难步调一致，这正是因为他们是知识工作者，每个人都有自己的技能和关注点。一个人可能对税务会计或细菌学感兴趣，或者对培训和发展市政府未来的主要行政官员感兴趣。但隔壁的人却对成本会计的细枝末节、医院经济学或城市宪章的法律问题感兴趣。每个人都必须能够利用其他人的成果。

对一个管理者的卓有成效最重要的人，往往不是他直接控制的下属，而是其他领域的人，对组织而言就是其他部门的人（即"旁系人士"），或者是他的上司。除非管理者去接触这些人，能够使他的贡献对他们和他们的工作有效，否则他根本就没有做到卓有成效。

4. 最后，管理者身处一个组织**之内**。

每一位管理者，无论他的组织是企业还是研究实验室，是政府机构、大型大学还是军队，都以为内部（即组织本身）就是跟自己密切相关的、近在眼前的现实。就算他看外部，也只是通过厚厚的镜片在看，看到的外部世界是扭曲的。通常，他看到的内容甚至不是第一手资料，而是通过组织的某种报告过滤器接收的，也就是说，接收到的内容是预先消化过的、高度抽象过的，已经应用组织的标准判断过哪些外部现实是重要的。

但组织是一个抽象的概念。在数学上，它必须被表示为一个点，也就是说，既没有大小也没有延伸。与所处的现实环境相比，即使是最大的组织，也是"不真实的"。

更具体地说就是，组织内部没有成果。所有的成果都在外部。例如，唯一的商业成果是由某个顾客带来的，他愿意用自己的购买力换取企业的产品或服务，从而将企业的成本和努力转化为收入和利润。这个顾客的购买决定，也许是作为一个顾客，基于供给与需求的市场考虑而做出的，也许是作为一个管制供给与需求的政府，基于基本上是非经济的价值偏好而做出的。不管是哪种情况，购买决策者均在企业外部，而非内部。

同样，医院的成果只在病人身上产生。但病人不是医院组织的成员。对病人来说，只有当他待在医院里时，医院才是"真实的"。他最大的愿望是尽可能快地回到"非医院"的世界。

组织内部发生的任何事情都是努力和成本。我们常常谈到企业中的"利润中心"，那只是说起来好听而已。这里只有"努力"中心。一个组织为产出成果而需要做的事情越少越好。需要 10 万名员工来生产市场需要的汽车或钢铁，本质上是工程上的严重缺陷。人越少，规模越小，内部活动越少，组织就越接近完美，因为组织存在的唯一理由是：为外部环境服务。

这个外部环境，这个作为真正现实的环境，远远不是从内部就能有效控制的。最多可以说结果是共同决定的，例如，战争的结局是双方军队行动和决策的结果导致的。在企业中，可以尝试通过促销和广告来塑造客户的偏好和价值观。然而，除了在战时经济那样商品极端短缺的情况下，客户仍然有最终的决定权和有效的否决权。可是，管理者看在眼里的往往只是组织内部，因为其近在眼前。与内部的关系和接触，内部的问题和挑战，内部的交锋与八卦，每时每刻他都眼有所见，心有所动。除非他做出特别的努力来直接接触外部现实，否则他将变得越来越专注于内部。他在组织中的地位越高，他的注意力就越会被内部的问题和挑战所吸引，而不是被外部事件所吸引。

■ 一个组织是社会的产物，与一个生物有机体截然不同。然而，支配动植物结构和大小的法则也支配着组织：面积和半径的平方成正比，但体积却和半径的立方成正比。动物变得越大，就必须把更多的资源用于维持身体的内部任务，用于循环和传递信息，用于神经系统，等等。

变形虫的每个部分都持续地直接接触环境。因此，它不需要特殊的器官来感知它所处的环境或支撑住整个身体。但是像人这样的大型复杂动物却需要一个骨架来支撑身体，需要各种专门的器官来摄取食物、消化吸收、呼吸，以及将氧气输送到体内组织、生殖，等等。最重要的是，一个人需要一个大脑和大量复杂的神经系统。变形虫的大部分身体皆与生存和繁殖有关。高等动物的大部分体积（它的资源、食物、能量供应、体内组织）则用来克服和抵消结构的复杂性和与外界的隔绝。

动物本身就是其目的，只要物种得以延续就成功了，但组织则不同。组织是社会的器官，它通过对外部环境的贡献来实现自己的目的。然而，一个组织越大，表面上越成功，管理者就越会将兴趣、精力和能力花在内部事件上，而无暇顾及他真正的任务和只存在于外部的有效性。

今天，由于计算机和新信息技术的出现，这种危险正在加剧。计算机作为一个机械白痴，只能处理可量化的数据。它可以快速、准确和精确地处理这些数据。因此，它将大量地提炼出以前无法获得的量化信息。然而，人们基本上只能量化组织内部发生的事情——成本和生产数字、医院的病人统计数据或培训报告。相关的外部事件很少能以量化的形式出现，直到对其采取任何措施都为时已晚。

这并不是因为我们对外部事件的信息收集能力落后于计算机的技术能力。如果这是唯一需要担心的事情，我们只需要增加统计方面的努力——计算机本身可以极大地帮助我们克服这种机械限制。问题恰恰在于，重要的、相关的外部事件往往是定性的，不能够量化。它们还不是"事实"。所谓事实是这样一个事件，即已经有人将其定义过、分过类，最重要的是它被赋予了相关性。为了能够量化，人们首先必须有一个概念。人们首先必须从错综复杂的现象中抽象出某一个具体的方面，将其命名，使其可以最终被计算。

■ 导致众多畸形婴儿出生的沙利度胺悲剧就是一个典型的例子。欧洲大陆的医生最终拥有了足够的统计数据，意识到出生的畸形婴儿的数量太多，必定有蹊跷的时候，伤害已经造成。美国却避免了这样的伤害，因为一位公共卫生系统的医生发现了一个质的变化——该药物引起的轻微的、本身毫无意义的皮肤刺痛，并将其与多年前发生的一个完全不同的事件联系起来，在沙利度胺真正投入使用之前发出了警报。

福特公司（Ford）的埃德塞尔（Edsel）车型也有类似的教训。所有可能获得的量化数据都是在埃德塞尔推出之前收集的。所有数据都表明它是针对适当市场的适当汽车。对于质的变化（美国消费者购买汽车的方式，从收入决定的细分市场转向品位决定的细分市场），没有任何统计研究可以发现。等到这一点可以用数字来体现的时候，已经太晚了——埃德塞尔已经面世并失败了。

外部真正重要的事件不是趋势，而是趋势的变化。这些变化最终决定了一个组织及其工作的成败。然而，这种变化必须被感知，而不能被计算、定义或分类。分类仍然会产生预期的数字——就像他们对埃德塞尔车型所做的那样，但这些数字不再反映实际的行为。

计算机是一种逻辑机器，这是它的优势，但也是它的局限。外部的重要事件不能以计算机（或任何其他逻辑系统）可能处理的形式来报告。然而，人虽然不是特别有逻辑性，但具有感知力，这是人的优势。

危险的是，如果信息和外界刺激无法被简化为计算机逻辑和计算机语言，管理者常常嗤之以鼻。管理者可能会对所有属于感知（即事件本身）而非事实（即对事件的加工）的东西视而不见。因此，大量的计算机信息可能会使人无法接触到现实。

计算机可能是迄今为止最有用的管理工具，最终应该起到这样的作用：使管理者意识到他们与外界的隔绝，并使他们将更多的时间释放出来用于掌控外界状况。然而在短期内，存在患急性"电脑综合征"的危险。这可不是小病小灾。

计算机只能显示业已存在的状况。管理者必须在组织内部生活和工作。除非他们有意识地努力去感知外界，否则内部的状况可能会使他们看不到真正的现实。

这四个现实是管理者无法改变的。它们是他存在的必要条件。但是，他因此必须做出这样的假设：如果不做出特别的努力，自己将无法做到卓有成效。

## 卓有成效的好处

也许唯一可以大幅提高管理者的绩效、成就和满意度水平的途径，就是让他们更加卓有成效。

我们当然可以在许多地方使用能力强得多的人，我们还可以使用知识更加广博的人。然而我认为，在能力和知识上，进一步的投入和产出将不成正比。我们可能已经到了这样一个地步：我们努力在做本质上不可能的事情，或者至少是本质上无利可图的事情。但我们不可能培育出一个新的超人种族。我们将不得不以人的本来面目来管理组织。

例如，关于经理人发展的书籍在描绘"未来的经理人"时，设想了一种可以说是"十项全能的人"。我们被告知，一个高层管理者应该具有分析者和决策者的非凡能力。他应该善于与人打交道，懂得组织和权力关系，擅长数学，并具有艺术洞察力和创造性的想象力。似乎人们需要的是全能的天才，而全能的天才一直是稀缺的。人类的经验充分表明，唯一供应充足的是芸芸众生。因此，我们将不得不在组织中使用最多只有一技之长的人。我们会发现除了这一技之长，他们在其他方面只是平平而已。

我们必须学会以这样的方式打造组织，即任何在某一重要领域具有长处的人都能将其用于工作（第 4 章对此会有相当深入的讨论）。但是我们不能指望通过提高能力标准来获得所需要的管理者绩效，更不能寄希望于全能的天才。我们将不得不通过人类必须使用的工具而非人类能力的突然飞跃，来拓展他们的境界。

同样的道理，或多或少也适用于知识。无论我们多么需要具备更多、更好知识的人，但是在这上面付出努力，也许不只是事倍功半，而是一百分投入才有一分收获。

■ 15 年前，当"运营研究"首次出现时，几位才华横溢的年轻从业者描绘了未来的运营研究者的理想形象。他们描绘的总是一个无所不晓的博学者，能够在人类知识的每个领域都做卓越的原创性工作。其中一个形象描绘的是：运营研究者需要在 62 个左右的主要科学和人文学科中拥有先进的知识。我想，如果真能找到这样一个人，而他把才华用在库存水平研究或生产计划制订上，那该是多大的浪费啊。

即使是相对不那么雄心勃勃的经理人发展计划，也要求经理人具备多种技能的高等知识，比如会计和人事、市场营销、定价和经济分析、心理学等行为科学，以及从物理学到生物学和地质学的自然科学。当然，我们需要掌握现代技术动态、洞悉复杂经济世界、了解当代政府运作的人才。

但是，以上的每一项技能，即使对专门钻研该技能的人来说，都是一个很大的领域。学者们常常专攻这些领域中的一个小分支，并且不假装自己是对整个领域的知识都了解的专家。

我并不是说，人们不需要尝试了解以上每个领域的基本知识。

■ 当今受过高等教育的年轻人（无论是在商业、医学还是政府领域）都有一个弱点，就是满足于精通一个狭隘的专业，而蔑视其他领域。一名会计师不需要详细了解如何处理"人际关系"，一名工程师也不需要详细了解如何推广一种新的品牌产品，但一个人有责任至少了解这些领域是关于什么的，它们为什么存在，以及它们试图做什么。一个人不需要了解精神病学，就可以成为一名优秀的泌尿科医生，但他最好了解精神病学是怎么回事。一个人不必是国际律师，就可以在农业部做好工作，但他最好对国际政治有足够的了解，从而不会通过狭隘的农业政策造成不良的国际影响。

然而，这与全能的专家截然不同，全能的专家与全能的天才一样不太可能出现。相反，我们将不得不学习如何更好地利用只擅长某一领域的人。这意味着要更加卓有成效。如果一个人不能增加资源的供应，就必须提高资源的产出。卓有成效则是使能力和知识资源产生更多更好的结果的一个工具。

由于组织的需要，卓有成效因此值得高度重视。它作为管理者的工具，作为他获取成就和绩效的途径，更值得优先考虑。

## 卓有成效可以学会吗

如果卓有成效是人们与生俱来的天赋，就像他们与生俱来的音乐天赋或绘画眼光一样，那就糟糕了。因为我们知道，在这些领域中，只有少数人天生就有过人的天赋。那样的话，我们不得不尽早找出拥有这种天赋的人来加以培养。但是，这种方式很难为现代社会的管理任务找到足够的人才。事实上，如果卓有成效是一种天赋，我们目前的文明将非常脆弱，甚至是无法维持的。作为一个由大型组织构成的文明，它依赖于能够大量供应卓有成效的管理者。

然而，如果卓有成效可以被学会，问题就出现了：它的要素是什么？一个人需要学习什么？是什么类型的学习？它是可以系统地通过概念来学习的一种知识吗？还是可以像学徒那样学习的一种技能？还是一个人通过反复做同样一些基本的事情来学习的一种实践？

我问这些问题已经有好多年了。作为顾问，我与许多组织的管理者一起工作。卓有成效对我来说在两个方面是至关重要的。首先，根据定义，一个顾问除了知识以外是没有其他权威的，他自己必须是卓有成效的，否则他就什么都不是。其次，最卓有成效的顾问是依靠客户组织内的人员来完成工作的。因此，这些人员是否卓有成效，最终决定了顾问能否做出贡献并取得成果，或者他是否纯粹是"成本中心"，或者充其量是一个宫廷小丑<sup>⊖</sup>。

我很快就知道，不存在"卓有成效的人格特质"。<sup>⊜</sup>我所见过的卓有成效的管理者，他们在气质和能力方面，在做什么和如何做方面，在个性、知识、兴趣方面——事实上，在区分人类的几乎所有方面——都有很大差异。他们所有的共同点，就是有能力完成正确的事情。

在我所认识和共过事的卓有成效的管理者中，有人外向，有人孤僻，还有人害羞到了病态的地步。有人离经叛道，有人守旧古板。有人胖，有人瘦。有人成天忧心忡忡，有人则成天轻轻松松。有人喜欢喝酒，有人滴酒不沾。有人魅力四射、热情洋溢，有人则死气沉沉。有人符合流行的"领袖"概念，有人则平淡无奇，在人群中不会引起注意。有人是饱学之士，有人则几乎不识字。有人兴趣广泛，有人则除了自己的专业领域之外几乎一无所知，也漠不关心。有人以自我为中心（即使算不上是自私），有人则宅心仁厚、慷慨大方。有人只为

---

⊖ 原文"court jester"直译为"宫廷小丑"，意为"讲笑话取悦他人、被他人利用的人"。——译者注

⊜ 耶鲁大学的克里斯·阿吉里斯（Chris Argyris）教授在哥伦比亚大学商学院所做的一次内容未公开发表（且日期不明）的演讲中声称存在。阿吉里斯教授认为"成功的"管理者有十个特质，其中包括"高挫折容忍度"，了解"竞争战法则"，或者他能"认同群体"。如果这确实是我们需要的管理者人格，那么我们就会陷入真正的麻烦。大家周围没有太多的人具有这样的人格特质，也没有人知道获得它们的方法。幸运的是，我认识很多卓有成效的（且成功的）管理者，他们缺乏阿吉里斯所说的大部分（如果不是全部）"特质"。我也认识不少管理者，虽然他们符合阿吉里斯的描述，但却非常无效。

工作而活，有人则把主要兴趣放在工作之外——在社区工作中、在教会中、在研究中国诗歌或现代音乐上。在我遇到的卓有成效的管理者中，有人使用逻辑和分析，有人则主要依靠感知和直觉。有人很容易做出决策，有人则在每次行动前都要经过一番煎熬。

换句话说，卓有成效的管理者彼此之间大不相同，就像医生、高中教师或小提琴家彼此之间大不相同一样。卓有成效的管理者和无效管理者一样，每个人之间都有很大区别，他们和无效管理者不能以类型、个性和天资来加以区分。

所有这些卓有成效的管理者的共同点是一些实践——无论他们拥有什么，也无论他们是什么样的人，这些实践使之卓有成效。无论卓有成效的管理者是在企业还是在政府机构工作，是医院的管理者，还是大学里的院长，这些实践都是相同的。

无论一个人的智力、勤奋程度、想象力或知识水平有多高，如果不遵循这些实践，那就成为不了卓有成效的管理者。

换句话说，卓有成效是一种习惯，也就是多项实践的组合。实践总是可以被学会的。实践看起来很简单，即使是 7 岁的孩子也不难理解一项实践，但我们不要因此而被误导。实践总是极难做好的。它们必须被习得，就像我们都学习乘法表一样。也就是说，**不厌其烦地**重复，直到"6×6=36"成为不假思索、条件反射和根深蒂固的习惯。实践是通过练习、练习再练习来学会的。

当我还是个小男孩的时候，我年老的钢琴老师气急败坏地对我说过一句话，适用于每一项实践。"你永远不会像阿图尔·施奈贝尔（Arthur Schnabel）那样弹好莫扎特（Mozart）的曲子，但你没有理由不应该像他那样弹好你的音阶。"这位钢琴老师当时忘了补充的是（可能是因为这对她来说显而易见）：即使是伟大的钢琴家也不可能弹好莫扎特的曲子，除非他们练习音阶，并不断地练习。

换句话说，具有正常禀赋的人没有理由不通过实践来获得胜任力。他可能成不了大师，因为那可能要求他有特殊的天赋。但卓有成效需要的只是胜任力，需要的是弹好"音阶"的能力。

要想成为一个卓有成效的管理者，就不得不学会下面这五项基本实践——五个思维习惯。

1. 卓有成效的管理者知道他们的时间都去哪儿了。他们会系统地管理自己能掌控的那一点点时间。

2. 卓有成效的管理者专注于外部贡献。他们把自己的努力放在成果上，而不是放在工作上。他们从这样的问题开始："我被期待取得什么成果？"而不是从要做的工作开始，更不是从要用的技术和工具开始。

3. 卓有成效的管理者用人之长，包括他们自己的长处，他们的上司、同事和下属的长处，以及情境提供的长处（也就是"他们能做什么"）。他们不会用人之短。他们不会从自己没有能力做的事情开始。

4. 卓有成效的管理者聚焦于少数几个主要领域，在这些领域中，卓越的表现将产生出色的成果。他们强迫自己确定优先事项，并聚焦于此。他们知道，他们别无选择，只能要事优先，而次要的事则根本不做，否则就会一事无成。

5. 最后，卓有成效的管理者做出有效的决策。他们知道，这首先是一个按照正确顺序采取正确步骤的系统问题。他们知道，卓有成效的决策总是基于"不同的意见"，而不是基于"对事实的共识"的判断。他们也知道，快速做许多决策意味着会做出错误的决策。真正需要的决策为数不多，但至关重要。如果战略不正确，战术再炫目也没有用。

这些都是管理者卓有成效的要素，也就是本书的主题。

## 第 2 章

# 认识你的时间

THE EFFECTIVE EXECUTIVE

大多数关于管理者任务的讨论都从这样的建议开始：给工作做计划。这听起来很有道理，但是有个问题：它基本上没用。纸面上的计划看起来很美，但很少转化为成就。

根据我的观察，卓有成效的管理者不从他们的任务开始。他们从时间入手。他们不是从计划开始的。首先，他们弄清楚自己的时间到底花在了哪里。其次，他们努力管理自己的时间，砍掉那些占用自己时间却不产生效益的需求。最后，他们将自己"可自由支配"的零碎时间整合为尽可能大的整块时间。下面的三步流程是管理者卓有成效的基础：

- 记录时间
- 管理时间
- 整合时间

卓有成效的管理者知道，时间是限制性因素。任何流程的产出极限，都是由最稀缺的资源设定的。在我们称之为"成就"的流程中，这种资源就是时间。

时间也是一种独特的资源。在其他主要资源中，货币实际上是相当充裕的。我们早就应该知道，是对资本的需求，而不是资本的供给，设定了经济增长和经济活动的极限。人（第三种限制性资源）可以被雇用，尽管人们很少能雇用到足够多的优秀人才。但人们无法以租用、雇用、购买或其他方式获得更多的时间。

时间的供给是完全没有弹性的。无论需求多高，供给量都不会增加。它没有价格，也没有边际效用曲线。此外，时间是完全易逝的，无法被储存。昨日的时间已经永远消失了，再也不会回来。因此，时间总是极度短缺。

时间是完全不可替代的。在一定范围内，我们可以用一种资源替代另一种资源，例如，用铜替代铝。我们可以用资本替代人力劳动。我们可以使用更多的知识或更多的体力。但时间是无法替代的。

一切都需要时间。它是一个真正普遍的条件。所有的工作都是在时间中进行的，都会耗费时间。时间是独一无二、不可替代、必不可少的资源，然而，大多数人却对此熟视无睹。卓有成效的管理者与众不同的最大特色，也许就是对时间的精心呵护。

人在管理自己的时间上有先天不足。

■ 尽管人和所有生物一样，都有一个"生物钟"，任何一个乘坐喷气式飞机飞越大西洋的人都有这样的发现，但他缺乏可靠的时间感，正如心理学实验所显示的那样。人们被关在一个看不到外面光线的、黑暗的房间里，会迅速失去所有的时间感。即使在完全黑暗的环境中，大多数人也能保持他们的空间感。但是，在一个密封的房间里待上几小时，即使开着灯，大多数人也无法估算出已经过去了多长时间。他们有可能严重低估在房间里度过的时间，也有可能严重高估。

因此，我们如果依赖自己的记忆，就不知道时间是如何度过的。

■ 我有时会要求那些以记忆力为傲的管理者，猜测并记下他们是如何花费自己的时间的。然后我把这些猜测记录锁起来几周或几个月。在此期间，这些管理者记录自己实际的时间使用情况。结果，这些人认为的自己使用时间的方式和他们的实际活动记录之间，从来没有什么相似之处。

一位公司董事长非常确定，他把自己的时间大致分为三部分。1/3 的时间，他认为是和他的高级职员在一起。1/3 的时间，他认为是和他的重要客户在一起。还有 1/3 的时间，他认为是用于社区活动。他在 6 周内的实际活动记录清楚地表明，他几乎没有在这些领域中花费任何时间。这些都是他知道自己**应该**花时间去做的任务，因此，"乐于助人"的记忆力像往常一样，告诉他这些是他实际花了时间的任务。然而，记录显示，他大部分时间都是作为调度员，跟踪他个人认识的客户的订单，并为这些订单打电话打扰工厂。这些订单中的大部分都在顺利进行，他的干预只能造成订单拖延。但当秘书第一次把时间记录拿给他时，他并不相信她。后来又做了两三次时间记录，他才相信，在时间的使用方面，必须相信记录，而不是记忆。

因此，卓有成效的管理者知道，要管理好自己的时间，首先必须知道时间的实际去向。

## 对管理者的时间要求

工作上持续不断的压力导致时间利用上的低效和浪费。任何管理者，无论他是不是经理人，都不得不把大量时间花在根本没有贡献的事情上。许多时间不可避免地被浪费了。他在组织中的地位越高，组织对他的时间要求就越多。

■ 一家大公司的负责人曾经告诉我，在担任首席执行官的两年里，除了圣诞节和元旦，他每天晚上都在外面吃饭。所有这些晚宴都是"官方"活动，每次都浪费了几小时。然而，他认为没有其他可能的选择。无论晚宴是为了表彰一个服务了 50 年的退休员工，还是为了答谢公司业务所在州的州长，这位首席执行官都必须到场，毕竟出席各种仪式是他的任务之一。我的朋友并不认为这些晚宴对公司或者自己的发展有什么贡献，也不觉得参加晚宴是件开心事。然而，他必须到场，并欣然用餐。

类似的时间浪费因素在每个管理者的生活中比比皆是。当一家公司最好的客户打电话来时，销售经理不能说"我很忙"。销售经理必须倾听，尽管客户想谈的可能是上个周末的桥牌游戏，或者是他女儿进入了心仪的大学。医院的管理者必须参加每一个员工委员会的会议，否则医生、护士、技术人员等就会觉得被忽视了。如果国会议员打来电话索取一些信息，尽管他如果自己拿起电话黄页或者《世界年鉴》查找会更快，政府管理者还不能置之不理。时间就这样一天天溜走了。

非经理人员的情况也好不到哪里去。他们也被来自他人的时间要求所困扰，这些要求对他们的生产力几乎没有任何帮助，但他们却不能忽视。

因此，在每个管理者的工作中，很大一部分时间肯定浪费在这样的事情上，它们虽然表面上必须被完成，但没有任何贡献，或者贡献甚微。

然而，管理者完成大多数任务都需要相当多的时间，才能达到最低程度的有效性。如果一次花的时间少于一定限度，就只是在浪费时间。我们将一事无成，下次还得从头再来。

■ 例如，写一份报告可能需要 6 或 8 小时才能写出初稿。如果一项任务需要 7 小时才能完成，你如果分成 3 周，每天两次各花 15 分钟，尽管加起来大大超过了 7 小时，但很可能完成不了。你最后得到的可能只是一张白纸，上面有一些涂鸦罢了。但是，如果你把门锁上，切断电话，坐下来不受干扰地全力写作 5 或 6 小时，就很可能完成我所说的"第零稿"——即第一稿之前的稿子。然后，你可以真正地小幅修改，可以逐节、逐段、逐句地改写、更正和编辑。

做实验也是如此。一个人需要在 5 ～ 12 小时的时间段内设置仪器，并至少完成一次完整的运行。否则，在一次中断后，他又得重新开始。

因此，为了做到卓有成效，每个知识工作者，特别是每个管理者，都需要能够把时间集中为一大段一大段地来处理。如果掌控的只是零星的时间，即使总量很可观，也将是不够的。

在与他人打交道的时间方面尤其如此，而与他人打交道是管理者的一项核心任务。他人会占用你许多时间，而且大多数人会浪费你的时间（如果你不善用时间的话）。

只花几分钟时间与他人打交道的话，根本不会有效果。要想把一件事情讲清楚，必须花上一定量的时间才行。许多经理人认为，自己可以在 15 分钟内讨论一个下属的计划、方向和绩效，那只是自欺欺人。要想真正让谈话有影响，他可能至少需要 1 小时，而且通常需要更长的时间。要想真正建立人际关系的话，需要的时间则是非常多的。

与其他知识工作者打交道尤其花时间。无论什么原因（也许是上下级之间的等级和权威在知识工作中缺失了；也许是权威尽管存在，但是成了阻碍；也许是知识工作者往往自视甚高），知识工作者对他的上司和同事的时间要求，都比体力工作者高得多。此外，由于知识工作无法像体力工作那样被衡量，知识工作者是否在做正确的工作以及他做得如何，我们无法用简单的几句话来告诉他。我们可以对一个体力工作者说："我们的工作标准要求每小时生产 50 件，而你只生产了 42 件。"我们必须和一个知识工作者一起坐下来，和他一起思考应该做什么，原因是什么，然后才能知道他是否做了令人满意的工作。然而，这很耗费时间。

由于知识工作者自己指挥自己，他必须了解期望他做出的成就是什么。对于那些不得不使用他的知识产出的人，他也必须了解他们的工作。为此，他需要大量的信息、讨论、指导，所有这些都需要时间。与普遍的看法相反，不仅上司需要他的时间，他的同事也需要。

知识工作者必须专注于整个组织的成果和绩效目标，以此来指引自己的成果和绩效。这意味着他必须留出时间，把他的目光从工作投向成果，从自己的专业投向绩效所在的外界。

■ 在大型组织中，只要知识工作者表现出色，高层管理者就会定期抽出时间，和他们一起坐下来，有时甚至直接和稚嫩的资浅员工一起坐下来，问道："关于你们的工作，我们作为这个组织的负责人应该知道什么？关于这个组织，你们想告诉我们什么？你们认为哪里存在我们没有利用的机会？你们在哪里看到了我们仍然视而不见的危险？总之，关于这个组织，你们想从我们这里知道什么？"

在政府机构和企业中，在研究实验室和军队参谋部中，同样需要这种轻松的交流。没有这种交流，知识工作者要么失去热情，成为时间的奴隶，要么把精力放在自己的专业上，而远离组织的机会和需要。但这样的会议需要大量的时间，尤其是它应该是不急不缓的、轻松的会议。人们必须感到"我们拥有世界上所有的时间"。这样做实际上使得一个人可以快速完成大量工作。但这也意味着，一个人必须拥有整块的大量时间，而且不能有太多干扰。

在任何组织中，个人关系都和工作关系交织在一起，同时处理好两者会花很多时间，如果急于求成，容易造成人际冲突。在一起工作的人越多，花在单纯的人际互动上的时间就越多，可以用于工作、取得成就和成果的时间就会越少。

■ 管理学文献中早就有"控制幅度"定理，该定理认为，一个人只能管理几个人，如果他们需要在工作中合作（例如，一个会计、一个销售经理和一个生产部门的人，他们三人必须配合才能取得成果）。不过，不同城市的连锁店经理不必相互合作，因此可以想象，不论有多少个连锁店经理，都可以向同一个区域副总裁报告而不违反"控制幅度"定理。不管这个定理对不对，有一点是毫无疑问的：需要合作的人越多，花在"互动"上而非工作和取得成果上的时间就越多。大型组织的实力是建立在对管理者时间的大量挥霍之上的。

因此，组织越大，管理者拥有的实际时间就越少。对他来说，知道自己的时间去向，并管理好他所掌握的少量时间，就越发重要。

组织的人越多，人事决策就越频繁。但是做人事决策如果太匆忙，常常会以失败收场。做出正确的人事决策需要的时间，多到让人吃惊的地步。这样的决策要考虑哪些因素，往往只有在一个职位已经有过好几轮这样的决策之后才会变得清晰起来。

在我有机会观察到的卓有成效的管理者中，有些人做决策很快，有些人则很慢。但是无一例外，他们做人事决策都很慢，而且在最终做出决策之前，他们会考虑多个方案。

■ 据报道，世界上最大的制造公司通用汽车的前总裁阿尔弗雷德·斯隆从来不会在第一时间做出人事决策。他先是做一个试探性的判断，即使这样也要花几小时。几天或几周后，他再次处理这个问题，仿佛之前从未处理过它。只有当他连续两三次想到同一个人的名字时，他才愿意继续往下走。斯隆挑中的人选都获得了成功，他因此享有当之无愧的声誉。但当被问及他的秘诀时，他说道："没有什么秘诀。我只是认为我想到的第一个人选很可能是错误的人选，因此我会重新分析和思考，在最终行动之前把这个过程反复进行好几遍。"要知道，斯隆可说不上是个有耐心的人。

很少有管理者在人事决策上做得像斯隆那样有效。但我有机会观察到的所有的卓有成效管理者都知道，如果他们希望得到正确的答案，就必须对人事决策不受干扰地进行连续数小时的思考。

■ 一个中等规模的政府研究所的所长，在他的一名高级行政人员不得不被免职时发现了这一点。这名高级行政人员已经50多岁了，在该研究所工作了一辈子。他多年来都表现很好，但是现在却急转直下。他显然不能再处理好他的工作。但是，即使公务员规则允许，也不能解雇这个人。当然，他可以被降职。但所长认为，这将毁掉这个人。所长认为这个人多年来忠心耿耿，成果卓著，研究所应该报以忠诚和体恤。然而，这个人不能继续担任行政职务，他的缺点太明显了，而且确实对整个研究所产生了负面影响。

所长和他的副手已经多次讨论过这个情况，都没有找到解决办法。后来，在一个宁静的夜晚，他们坐下来，不受打扰地用了三四个小时来研究这个问题，"显而易见"的解决方案终于冒了出来。这个解决方案确实非常简单，以至于两人都无法解释为什么之前没有发现它。解决方案就是，将这个人从目前这个不适合的职位，调到一个同样有事情需要完成但不涉及行政管理的新职位。

人事决策需要大量的、连续的、不受干扰的时间来做。这样的决策包括：让谁加入一个为研究特定问题而成立的工作组；将怎样的职责赋予一个新事业部的经理人或一个旧事业部的新经理人；是否将一个人晋升到空缺的职位，而他具备该职位所需的营销知识但缺乏技术培训，或者他没有多少营销背景但技术一流；等等。

人事决策很花时间，原因很简单，上天没有把人作为组织的"资源"来创造。就组织需要完成的任务而言，他们的尺寸不符，形状不合，而且不能够用机器重新加工，或者用模具重新塑形。人充其量不过是"差不多合适"。因此，用人来完成工作（在没有其他资源可用的情况下）需要大量的时间、思考和判断。

东欧的斯拉夫农民曾经有一句谚语："一个人的脚上没有的东西，他的脑子里一定会有。"这可以被认为是能量守恒定律的一个奇妙版本，但它更像是"时间守恒定律"。我们从"腿"的任务（即体力劳动）中抽出的时间越多，就有更多的时间花在"脑袋"的工作（即知识工作）上。我们让普通工人、机器操作员和文员的工作越是轻松，知识工作者就不得不做得越多。我们不能"把知识从工作中拿走"。知识必须被放回工作之中，而且量要更多，质要更好。

对知识工作者的时间要求并没有下降。现在，机器操作员每周只工作 40 小时，可能很快就是 35 小时，而且比以前任何一个人都活得好，不管这个人工作多忙，也不管他多有钱。但是，机器操作员有这样的闲暇，不可避免的代价就是知识工作者更长的工作时间。今天，不只是工业化国家的管理者存在闲暇时间不足的问题。全世界每个地方的管理者的工作时间都更长了，对他们的时间要求也更多了。管理者的时间匮乏这个问题不会好转，只会变得更严重。

导致这种情况的一个重要原因是，高生活水平的前提是经济上的创新和变革。但创新和变革又对管理者提出了更多的时间要求。一个人如果时间紧张，就只能想自己已经知道的事情，做自己已经在做的事情，难以创新和变革。

■ 关于为什么英国经济自二战以来会如此停滞，已经有大量讨论。肯定有这样一个原因：老一辈的英国商人试图和他的工人一样轻松，工作时间也一样短。但是，只有当一家企业或一个行业墨守成规，回避创新和变革时，这才有可能。

组织的要求、他人的要求、变革和创新的时间要求，所有这些原因加在一起，让管理者的时间管理变得越来越重要。但是，如果一个人不首先了解自己的时间去向，他甚至无法想到管理自己的时间。

## 时间诊断

一个人必须先记录时间使用情况，然后才能知道时间的去向，继而才能努力管理它，这一点我们在这个世纪的最好的部分⊖里已经意识到了。也就是说，自从 1900 年左右以来，我们就从体力工作（不管是否需要技能）中知道了这一点，那时候科学管理运动⊜开始提倡记录完成一项具体的体力工作所需的时间。今天，几乎没有一个国家会在工业方法上如此落后，以至于不对体力工作者的操作进行系统的计时。

然而，我们将这个知识应用在了时间因素并不是那么重要的工作上。在这些工作中，时间用得好坏，区别在于是否提升了效率，是否节约了成本。我们还没有把它应用于工作本身越来越重要，而且时间因素也特别重要的工作上，也就是知识工作者的工作上，特别是管理者的工作上。对这些工作来说，时间用得好坏，区别在于是否做到了卓有成效，是否真正产出了成果。

因此，管理者实现卓有成效的第一步是记录实际的时间使用情况。

---

⊖　德鲁克这里大概是指从 1900 年到第一次世界大战（以下简称一战）之前的这段时间。相对于之后发生了一战和二战，这段时间成了 20 世纪"最好的部分"。——译者注

⊜　科学管理可以称为一场运动，也可以称为一个学派。其代表人物为泰勒，德鲁克在其他著作中对他有非常高的评价。——译者注

■ 在这里，我们不需要关心做记录的具体方法。有些管理者自己做这样的时间记录。其他人，如刚才提到的公司董事长，让自己的秘书来做记录。重要的是要做记录，而且要"实时"记录，也就是在事件发生的当时记录，而不是靠事后记忆。

许多卓有成效的管理者都持续记录时间使用情况，并每月定期查看。至少，卓有成效的管理者会一年定期记录两次，每次记录三四周，查看自己对时间的日常使用情况。每次这样的抽查之后，他们都会重新思考自己的时间表，重新制订计划。但6个月后，他们总会发现又发生了偏移，又把时间浪费在了琐事上。通过实践，人们确实会改善对时间的使用方式，但需要在管理时间上做出经常性的努力，才能防止偏移。

因此，记录时间使用情况之后的下一步是进行系统性的时间管理。我们必须找到无益的、浪费时间的活动，并尽可能清除掉。这样的诊断要求问自己一些问题。

1.首先，管理者要努力找出并消除那些根本不需要做的事，有些事纯粹是浪费时间、没有产生任何成果的事。为了找出这些事，管理者要就时间记录中的**所有**活动进行提问："如果根本不做这件事会如何？"如果答案是"没什么影响"，那显然应该停止做这件事。

那些大忙人所做的无用之事，多得令人吃惊。比如说许多演讲、宴请、担任委员会成员和董事，占了那些大忙人许多时间。对这些事，他们其实并不乐在其中，也很少干得出色，但就是年复一年地忍

受着。实际上，如果一项活动对自己的组织、对自己、对这项活动
施于其身的组织没有任何贡献的话，那么管理者要做的就是学会说
"不"。

■ 上面提到的那位首席执行官每天晚上都要外出就餐。他在
分析时发现，至少有1/3的晚宴，即使没有该公司任何一
位高层管理者出席也能顺利进行。事实上，他还有些懊恼
地发现，许多晚宴的主办者邀请他，而他也接受了，但其
实主办者并不想让他去。他们邀请他只是出于礼节，以为
他会拒绝的，而他竟然去了，反而让主办者不知道该怎
么办。

我见过的管理者，无论其级别或职位是怎样的，都可以把那些要
求占用他时间的事情中的1/4置之不理，而不会造成任何影响。

2. 下一个问题是："我做的所有事情中，哪些如果让别人来做可
以做得更好，或者至少是同样好？"

■ 那位频频出席晚宴的首席执行官发现，还有1/3的正式晚
宴，该公司任何一位高层管理者出席都行——这种场合所
要求的只是有个人代表该公司。

多年来，人们一直在讨论管理中的"授权"问题。无论什么组织
（企业、政府、大学或军队）它的每一位经理人都被告知要成为更好的

"授权者"。事实上，大型组织中的大多数经理人自己都不止一次地讲过这种大道理。这些说教没有什么人听，原因很简单，通常所说的授权在道理上讲不通。认为授权意味着别人应该做一部分**"我的**工作"，这是错的。一个人拿钱就该干活。按照通常的理解，最懒惰的经理人是最好的经理人，这不仅在道理上讲不通，而且不道德。

但我见过的管理者，只要查对自己的时间记录，就会迅速养成习惯，把不需要亲自做的事情推给别人。管理者一看到时间记录就会明白，他没有足够的时间去做自己认为重要的事情、自己想做的事情以及自己承诺要做的事情。他要做重要的事情，唯一的办法就是把可以由别人完成的事情交给别人。

■ 出差就是一个很好的例子。C. 诺斯科特·帕金森（C. Northcote Parkinson）教授在他的一部有趣的讽刺作品中指出，要摆脱一个讨厌的上司，最快的方法是让他经常到世界各地出差。的确，高管过于喜欢坐飞机了。尽管许多出差是必要的，但是大部分都可以由下属去，不需要上司亲自出马。出差对下属来说仍然是一种新鲜事。他还很年轻，在酒店的床上也可以睡个好觉。上司也许更有经验，更训练有素，但在旅途中容易疲惫不堪，而下属可以承受旅途劳累，因此可以做得比上司更好。

管理者还参加各种会议，尽管其实自己不去，其他人就能够处理各种事项。在有的会议上，人们甚至在还没有形成一个可供讨论的初稿的情况下，花了好几个小时讨论一份文件。某研究实验室的一个高级物理学家，花费时间为自己的研究成果写一篇供大众阅读的新闻稿。他周围有很多人，不但有足够的科学知识，能够理解物理学家的工作，而且可以用通俗易懂的英语表达出来，而该物理学家擅长的"语言"是高等数学。总而言之，管理者正在做的大量工作可以由其他人轻松完成，因此应该由其他人来做。

习惯上使用的"授权"一词是一种误解，而且可以说是误导。不过，管理者确实需要摆脱可以由他人完成的事情，从而可以真正从事自己该干的工作而不必委派他人——这样做是在卓有成效上的重大改进。

3.造成时间浪费的一个常见原因，是管理者浪费了别人的时间。这在很大程度上受管理者控制，并且可以由他来消除。

这个问题没有单一症状，但仍可以通过一个简单的方法来发现。那就是去问别人。卓有成效的管理者已经学会了系统地、大胆地提问："我做的哪些事是在浪费你的时间，对你毫无贡献？"提出这个问题，并且不惧怕真相，是卓有成效的管理者的标志之一。

尽管工作本身是有益的，但管理者做工作的方式也可能导致浪费别人的时间。

■ 一个大型组织的高级财务管理者非常清楚地知道，他所在办公室的会议浪费了大量的时间。这个管理者要求所有直接下属参加每一个会议，不管是什么主题的。结果，会议的规模太大了。与会者都想要通过提问表示出自己在认真开会，所以每个人都至少问了一个问题，而且大多数时候问的都是鸡毛蒜皮的事。结果就是会议开得无休无止。但直到这位管理者提出上面所说的问题，他才知道下属们也认为这些会议是在浪费时间。他之所以邀请每个人参加会议，是因为他知道大家都很重视在组织中的地位和知情权，担心未被邀请的人会有被忽视和冷落的感觉。

现在，他以一种不同的方式来满足下属们的地位需求。会议前，他发出这样格式的通知：“我已经要求［史密斯、琼斯和罗宾逊女士］［周三下午3点］与我会面，在［四楼会议室］讨论［明年的资金拨付预算］。如果你认为你需要这些信息或想参与讨论，请来参会。无论你是否参会，都将在会后收到包括所有讨论和全部决策的完整摘要，并将邀请你对此提出意见。”

以前的会议往往十几个人开整整一下午，现在则是三个人和一个做记录的秘书，1小时左右就能把事情搞定，而且没有人觉得被忽视。

许多管理者都知道，对自己时间的有些需求没有益处，并非必要，但他们却不敢砍掉。他们担心出错，把重要的东西砍掉了。但如果犯了这样的错误，改起来很快。如果砍得太狠了，通常很快就会发现。

美国每一位新总统上任，总是一开始接受太多邀请，然后逐渐意识到自己还有其他工作要做，而这些邀请大多没有产生什么成果。于是他削减活动，但通常会砍得太狠，露面太少。不过要不了几周，最多几个月，媒体和电台就会告诉他，他正在"脱离国民"。然后，他通常会在无用的礼节性露面和跟国民的有用接触之间找到适当的平衡。

事实上，一个管理者砍掉太多工作内容的风险不大。我们通常倾向于高估而不是低估自己的重要性，认为有太多的事情只能由自己来做。即使是非常有成效的管理者，也会做很多不必要的、无益的事情。

对于管理者不用担心砍得太多的最好证明，就是身患重病或严重残疾的人也能做到卓有成效。

> ■ 二战中罗斯福总统的心腹谋士哈里·霍普金斯（Harry Hopkins）就是一个很好的例子。他已经走到生命尽头，几乎是奄奄一息，走上一步路都很困难，只能每隔一两天才能工作几个小时。这就迫使他把真正重要的事务之外的其他事务都砍掉。他并没有因此而失去成效，相反，他成为温斯顿·丘吉尔（Winston Churchill）所称的"事物的绝对中心"，他在战时华盛顿的成就比任何人的都要大。

当然，这是一个特例。但它说明，如果一个人努力去做，可以在多大程度上掌控自己的时间，以及他可以砍掉多少浪费时间的事而无损于成果。

# 砍掉浪费时间的事

上述三个诊断性问题涉及的无益且耗时的活动，是每个管理者都有一定程度的掌控的。每个知识工作者和每个管理者都应该问这些问题。然而，经理人同样需要关注因管理不善和组织不力而造成的时间损失。糟糕的管理浪费所有人的时间，但最重要的是，它浪费管理者的时间。

1. 这里的第一项任务是识别因缺乏系统性或预见性而造成的时间浪费。要寻找的症状是反复出现的"危机"，即年复一年地出现的危机。如果同样的危机已经出现了两次，那就不能再出现第三次。

■ 每年的库存危机就属于这种情况。有了计算机，我们现在可以更"英勇"地面对这个问题，但是也付出了更大的代价。这跟过去比算不上是什么大进步。

反复出现的危机总是应该被预见到的。因此，它要么被预防，要么被简化为文员可以管理的例行公事。"例行公事"的定义是，它使一个人不需要判断力也可以做到以前需要近乎天才的人才能做到的事情。这是因为例行公事以系统的、步骤清楚的形式，记录了一个非常能干的人在克服以前的危机时学到的东西。

并非只在组织的底层才会有反复出现的危机，每个人都会遇到。

■ 多年来，一家相当大的公司每年12月1日前后都会遇到这样的危机。它身处一个季节性很强的行业，第四季度通常业务最为惨淡，不容易预测销售额和利润。然而，每年管理层在第二季度末发布中期报告时，都会做出盈利预测。3 个多月后，到了第四季度，公司内为了实现管理层的预测目标而抓紧忙活起来。有那么三五周，管理团队什么别的事都没干。最后发现，解决这场危机只需要大笔一挥：管理层现在不再预测一个明确的年终数字，而是预测一个范围。这充分满足了董事、股东和金融界的要求。几年前会作为危机发生的事，如今在公司里悄然消失了，而第四季度的业绩反而比过去好了不少，因为管理者不再把时间浪费在使业绩符合预测上。

在麦克纳马拉（McNamara）先生被任命为国防部长之前，每年从春天直到 6 月 30 日财政年度结束为止，类似的紧急危机都会震撼美国国防机构的上上下下。国防机构的每一位经理人，无论是军人还是文职人员，都在 5 月和 6 月拼命地要把国会为该财政年度的拨款花出去，他们担心花不完就得还回去。然而，正如麦克纳马拉先生马上发现的那样，这场危机是完全不必要的。法律一直允许将未被使用但仍需要的款项存入一个临时账户。

反复出现的危机的背后是马虎和懒惰。

■ 多年前，我刚开始做顾问，需要学会如何判断一家工厂是否管理得好，而我没有制造方面的知识。我很快了解到，一家管理良好的工厂是一个安静的地方。一家具有"戏剧性"的工厂，一部"工业史诗"在参观者眼前展开的工厂，是管理不善的。一家管理良好的工厂是令人觉得乏味的。没有什么激动人心的事情发生，因为危机已经被预料到了，并且对危机的处理已经转化为例行公事。

同样，一个管理良好的组织是一个"沉闷"的组织。这样的组织的"戏剧性"的事情只是做出影响明天的基本决策，而不是英雄人物挺身而出来弥补昨天的失误。

2. 时间浪费往往是由于人员过多造成的。

■ 我一年级的算术课有这么一道题："如果两个挖沟人挖一条沟需要两天时间，那么四个挖沟人需要多长时间？"在一年级，正确的答案当然是"一天"。然而，对管理者而言，正确答案可能是"四天"，如果不是"永远"的话。

有时候，确实是人力不足。在这种情况下，任务即使完成了，质量也会打折扣。但人力不足并不常见，更为常见的是人力规模太庞大，因此花在"互动"而非工作上的时间越来越多，无法做到卓有成效。

有一个相当可靠的症状，可以用来判断人员是否过剩。如果团队中的高级人员（当然，尤其是指经理人）在"人际关系问题"上花了不只"一点时间"，也许是超过了1/10的时间用在处理人际冲突、谁该管谁、如何合作等问题上，那么几乎可以肯定，人太多了。人们在互相妨碍。他们已经成为实现绩效的障碍，而非手段。在一个精简的组织中，人们有活动的空间而不会相互碰撞，可以做自己的工作而不需要一直对别人解释。

- 人员过剩的借口总是"但我们的工作人员中，必须有一个热力学专家（或一个专利律师，或一个经济学家）"。这个专家不常被使用，他可能根本不被使用，但"我们必须有他在身边，以防我们需要他"。（而且他总是"必须熟悉我们的问题"，"从一开始就成为团队的一员"！）在一个团队中，我们只应该拥有每天都需要的知识和技能，以完成大部分工作。偶尔需要的专家，或者在这个或那个方面需要咨询的专家，应该始终留在外面。去找他们并向他们付费咨询，比让他们加入团队要便宜得多，更不用说有这么一个技术过于高、工作过于少的人对整个团队的效力所产生的冲击了。他能带来的只是伤害。

3. 另一个常见的造成时间浪费的因素是组织不善。它的症状是会议过多。

会议是为了弥补组织缺陷的不得已而为之的举措，因为人们如果在开会，就没法工作。一个人不可能同时做这两件事。在一个设计得很理想的结构中（当然，这在一个不断变化的世界中只是一个梦想），将不会有会议，因为每个人都知道他需要什么知识来做他的工作，每个人都有可用的资源来做他的工作。我们之所以开会，是因为从事不同工作的人必须合作才能完成一项具体的任务。我们之所以开会，是因为在特定情况下所需要的知识和经验无法从一个人身上获取，而不得不将几个人的相关经验和知识组合起来。

会议总是多过实际需要。组织的确需要很多合作，有些好心的行为科学家觉得需要在组织中创造更多"合作"机会，其实是多此一举。但是，如果会议占用管理者的时间超过一小部分，那肯定意味着组织不善。

每次会议都会产生大量后续的小会，有些是正式的，有些是非正式的，这两种都会花费以小时计的时间。因此，会议需要专门的指引。一个没有指引的会议不仅仅是一件烦人的事，还是一件危险的事。但首先要记住，开会必须是例外，而不能变成规则。在一个组织中，如果每个人都一直在开会，那么就没有人能够完成任何事。如果时间记录显示会议泛滥，例如在一个组织中人们花了 1/4 或更多的时间开会，**那肯定**是组织不善引起了时间浪费。

■ 有一些例外，即以开会为目的的特殊机构——例如杜邦和新泽西标准石油（Standard Oil of New Jersey）等公司的董事会，它们是审议和申诉的最终机构，但它们不从事经营。但是，正如这两家公司很久以前就意识到的那样，不能允许坐在董事会里的这些人做其他事情；顺便说一下，同样的原因，不能允许法官在业余时间兼职做辩护律师。

一般来说，决不能允许会议占用管理者的主要时间。会议泛滥意味着职位结构设计不当和组织要素存在缺陷。会议泛滥意味着本应属于一个职位或一个部门的工作被分散到几个职位或几个部门。会议泛滥意味着责任过于分散，意味着信息没有被送达需要的人。

■ 在一家大公司，会议泛滥的根本原因是其能源业务的组织结构老旧、过时了。大型汽轮机是该公司早在 1900 年前就从事的传统业务，由一个独立管理的事业部负责，人事上也独立。然而，在二战期间，该公司进入了飞机发动机领域，结果是另一个事业部也开始从事与飞机和国防生产相关的业务，拥有生产大型喷气发动机的能力。最后，还有一个原子能业务部门，它实际上是从研究实验室拆分出来的，在组织上仍然或多或少地与研究实验室联系在一起。

但今天，这三块业务不再是井水不犯河水的局面了，它们的市场无法截然分开。这些业务日益成为既相互替代又相互补充的业务。在一定条件下，三者中的每一个都可以为电厂提供最经济、最有优势的发电设备。在这个意义上，三者是相互竞争的。但是，通过把它们中的两个组合在一起，又可以取得一加一大于二的效果。

显然，该公司需要的是一个能源战略。它需要决定是否推动这三种发电设备相互竞争；或者，将这三种发电设备中的一种作为主要业务，而将其他两种作为补充；或者，将三种设备中的两种（如果这样，还得决定是哪两种）作为一个"能源包"来发展。它需要决定如何在三者之间分配可用资本。然而，最重要的是，能源业务需要一个组织来体现一个统一的能源市场的现实，该市场为相同的客户生产相同的最终产品——电力。然而，实际上，三块能源业务中的每一块，都被一层层的组织小心翼翼地保护起来，彼此隔离，各自为政。每块业务都有自己特殊的作风、仪式和自己的职业阶梯——每块业务都自信满满地认为自己会得到未来 10 年能源业务总量的 75%。

结果是，这三块能源业务多年来一直在不停地开会。由于每块业务都向不同的管理层成员报告，这些会议缠住了整个高层团队。最后，这三块业务从它们原来的事业部中被分离出来，整合成一个事业部，由一个经理人负责。现在仍然有大量的内讧，仍然需要做出重大的战略决策，但至少现在大家都明白这些决策是什么，至少高层管理人员不再需要主持和裁决每次会议，总的会议时间也只是过去的一小部分。

4. 最后一个主要的造成时间浪费的因素是信息传递上的失灵。

■ 一家大医院的院长多年来一直苦于医生不断给他打电话，要求他为他们的应该住院的病人找到床位。住院部人员"知道"没有空床，然而院长几乎总是能找到几张。这是因为在有病人出院时，没有人及时通知住院部。当然，楼层护士知道，为出院病人出具结账单的前台也知道。尽管住院部每天早上 5 点都要进行"床位统计"，但是绝大多数病人都是在医生查房后于上午 10 点左右被送回家的。要解决这个问题其实并不难，只需要把楼层护士给前台的通知单多复印一份就行了。

更糟糕但同样常见的是，信息传递的形式是错误的。

■ 制造型企业通常都受到生产数字的折磨，运营人员在使用这些数字之前不得不对其进行"翻译"。这些数字是"平均数"，也就是说，是会计人员所需要的数字。然而，运营人员通常需要的不是平均数，而是产品组合和产量变动、运转周期等的波动幅度和最大最小值。为了得到他们需要的东西，他们必须每天花几个小时来调整平均数，或者私下里建立自己的会计组织。会计师拥有所有的信息，但通常没有人想到要告诉他，什么形式的信息是运营人员需要的。

以上谈到的三种浪费时间的管理缺陷，包括人员过多、组织不善和信息传递失灵，有时候解决起来很容易，有时候则很难，需要长时间的耐心工作来纠正它们。然而，这种工作会带来巨大的成果，尤其是可以节约大量时间。

# 整合"可自由支配的时间"

管理者如果记录和分析自己的时间，然后努力管理它，就能确定他有多少时间可以用于重要任务，就能知道：有多少时间是"可自由支配的"。也就是说，有多少时间可用于真正有贡献的大任务。

无论管理者多么大刀阔斧地砍掉浪费时间的事项，所能获得的可自由支配的时间都不会太多。

■ 我见过的最有成就的时间管理者之一是一家大银行的行长，我和他共事了两年，辅导这家银行调整高层经理人团队。两年来，我每个月都见他一次。我预约的时间总是一个半小时。这位行长总是会为会议做好准备，我很快也学会了先做好我的功课。我们的会议总是严格按照议程进行。只要过了 1 小时 20 分钟，行长就会对我说："德鲁克先生，我认为你现在最好总结一下，概述一下我们接下来应该做什么。"一个半小时后，我们在门口握手告别。

这种情况持续了大约一年之后，我终于问他："为什么总是一个半小时？"他回答说："这很简单。我发现，我集中注意力的时间只能维持一个半小时左右。如果我在任何一个主题上的工作超过这个时间，我就会开始重复自己之前说过的话。同时，我也知道，没有什么重要的事情是可以在更短的时间内解决的。如果时间太短，一个人不可能又让对方听明白，又把要点都讲完。"

在我每个月到他办公室的一个半小时里，从来没有一个电话打扰，他的秘书也从来没有探头进来说，有一个重要的人要紧急见他。有一天我问他为什么会这样。他说："我的秘书得到严格的指示，除了美国总统和我的妻子，不要接通任何人的电话。总统很少打电话来，我妻子则明白这个时候根本不要打电话来。其他的事情，秘书都要等我和你开完会后再告诉我。然后，我会用半个小时回复每一个未接来电，并收听每一条语音信息。我还没有遇到过一个不能等待 90 分钟的危机。"

不用说，这位行长在这个月度会议上完成的工作，比许多其他同样能干的管理者在一个月的会议上完成的还要多。

但是，这个人即使这么自律，也不得不接受他至少有一半的时间被一些无关紧要、价值可疑、不得不做的事情所占用的现实——会见那些"顺道"来访的重要客户；出席那些没有他也能进行的会议；对日常问题做出具体决定，这些决定本不该由他来做，却总是被呈报给他来做。

如果一个高层管理者宣称，自己一半以上的时间都在自己的控制之下，都是可自由支配的时间，可以自己决定如何使用，我会自信地认为他根本不知道他的时间去了哪里。对高层管理者来说，自己真正可以支配的时间，可以用于重要的、有贡献的事情的时间，可以用于自己拿了钱本该干的那个活儿的时间，很少能够超过他的工作时间的1/4。在任何组织中都是如此，不过对政府机构的高层人员来说，问题更为严重。

管理者的职位越高，他不能掌控的时间、对贡献无益的时间的比例就越大。组织越大，就越需要将更多的时间用于维系组织和维持运转，而不是用于让组织发挥功能和产生成果。

因此，卓有成效的管理者知道，他必须整合自己可自由支配的时间。他知道他需要大块的时间，而小块的时间可以说不算时间。即使只有工作日的 1/4，如果整合成大的时间单元，通常也足以完成重要的事情。但是，即使拥有工作日的 1/4，如果只在这里花上 15 分钟，在那里花上半小时，也不会产生什么成果。

因此，时间管理的最后一步是，把记录和分析所显示的管理者可以掌控的时间整合起来。

有很多方法可以做到这一点。有些人，通常是资深的男性，会每周在家工作一天。这是编辑或研究科学家特别常用的时间整合方法。

其他人则将所有的运营性工作——会议、评估、问题讨论等安排在每周固定的两天进行，例如周一和周五，并将其余几天的上午留出来，用于持续不断地处理重大问题。

■ 上述那位银行行长就是这样安排时间的。周一和周五，他召开运营会议，与高层管理者们讨论当前的事情，会见重要客户，等等。周二、周三和周四的下午是没有安排的，因为可能会有什么事情发生。当然，总会有一些事情发生，无论是紧急的人事问题，还是银行的一个海外代表或一个重要客户的突然来访，或是去华盛顿出差。但在这三天的上午，他安排了与主要事项相关的工作，每项工作都是完整的 90 分钟。

另一个相当普遍的方法是，每天清晨在家里工作一段时间。

■ 在上文提到的苏内·卡尔松教授的研究中，有一位卓有成效的管理者，每天早上上班前都要花 90 分钟在家里没有电话的书房里工作。即使这意味着要很早工作，以便准时到达办公室，但也好于最流行的处理重要工作的方式：晚上把工作带回家，晚饭后花 3 小时处理。到那个时候，大多数管理者已经太累了，无法做好工作。当然，那些中年以上的人最好早点睡觉，早点起床。晚上在家工作如此受欢迎的原因实际上是其最糟糕的特点：它让管理者能够避免在白天处理他的时间和时间管理问题。

但是，具体怎么做是次要的，首要的是你一定要整合自己的可自由支配时间。大多数人处理工作的方法是试图把次要的、成果较小的事项整合在一起处理，从而在它们之间留出完整的可自由支配时间。这样做不会有好结果，它违背了整合可自由支配时间的总的思路。这样做要求一个人仍然在头脑中、在日程表中优先考虑那些不太重要的事情，那些必要但没有什么贡献的事情。如果出现新的时间压力，就容易牺牲掉可自由支配时间，就容易牺牲掉真正应该完成的工作。这样做上几天或几周，你会发现自己没有可自由支配时间了，因为新的危机、新的紧急事件、新的琐事会将其吞噬掉。

卓有成效的管理者首先估计自己实际上有多少可自由支配时间。然后，他们预留出适当数量的整块时间。如果他们以后发现其他事项侵占了这一时间储备，他们会再次仔细检查自己的记录，并砍掉一些成效不够大的活动。他们知道，正如我之前所说的，砍得过分的可能性不大。

所有的卓有成效的管理者都永远掌控自己的时间管理。他们不仅持续地记录时间，定期分析，而且根据自己对可自由支配时间的判断，为重要的活动设定最后期限。

■ 我认识的一个卓有成效者手上随时掌握两份清单，一份记的是不得不做的急事，另一份记的是不得不做的烦心事，每件事都有最后期限。如果错过最后期限，他就知道自己又浪费了时间。

时间是最稀缺的资源，除非管理好时间，否则无法管理好其他任何东西。此外，对一个人的时间进行分析，是一种简单而系统的方法，可以分析一个人的工作，并思考其中真正重要的东西是什么。

"认识你自己"，这个古老的充满智慧的训诫，对普通人来说几乎是不可能做到的。但是每个人只要愿意，都可以遵循"认识你的时间"的指令。这样做，可以让你踏上一条通往贡献和卓有成效的道路。

第 3 章

# 我能贡献什么

THE EFFECTIVE EXECUTIVE

卓有成效的管理者聚焦于贡献。他从自己的工作中抬起头来，向上看，向外看，看着目标。他问道："我能够贡献什么，以对我所服务的机构的绩效和成果产生重大影响？"他的重点是责任。

■ 聚焦于贡献，是在以下三方面做到卓有成效的关键，包括：一个人自己的工作（其内容、程度、标准和影响）、他与他人（上司、同事、下属）的关系，以及对会议或报告等管理者工具的使用。

绝大多数管理者都习惯于向下聚焦。他们的眼睛盯着努力，而忽略了结果。他们很在意组织和他们的上司"亏欠"他们什么，应该为他们做什么。他们对自己"应该拥有"的职权很敏感。结果，他们使自己变得毫无成效。

■ 一家大型管理咨询公司的负责人在开始为新客户做项目时，总是先花几天时间逐一拜访客户组织的高层管理者。他与他们聊过涉及项目和客户的相关信息后，他会问（当然不一定是这句原话）："**你是因为做什么工作而领取工资的？**"他报告说，绝大多数人都会回答"我负责会计部门"，或者"我负责销售队伍"。事实上，下面这样的回答也并不罕见："有850人在我手下工作。"只有少数人说"我的工作是为我们的经理人提供做出正确决策所需的信息"，或者"我负责找出客户明天需要的

产品"，或者"我不得不考虑和准备总裁明天必须面对
的决策"。

一个人无论头衔和级别有多高，如果聚焦于努力，并强调自己对
下的权威，那么他只不过是个下属而已。但是，一个人无论资历有多
浅，如果聚焦于贡献，并对成果负责，那么他可以称得上是"最高管
理层"的一员。他要求自己对组织的整体绩效负责。

## 管理者自己的承诺

聚焦于贡献，这将管理者的注意力从他自己的专业、他自己狭窄
的技能、他自己的部门，转移到组织的整体绩效上。这把他的注意力
转移到外部，外部才是唯一有成果的地方。只有这样，他才很可能不
得不去思考他的技能、专业、职能或部门与整个组织及**组织的**目的有
什么关系。因此，他也会从顾客、客户或病人的角度来思考问题，而
顾客、客户或病人是组织生产任何东西（无论是经济产品、政府政策
还是卫生服务）的最终原因。结果是，他所做的事情和他的做事方式
将有实质性的改变。

■ 几年前，美国政府的一个大型专门机构发现了这一点。老
　的出版总监退休了。他从 20 世纪 30 年代该机构成立之初
　就一直在那里工作，他既不是科学家，也不是受过训练的
　作家。他推出的出版物经常被批评为缺乏专业水准。接替

他的是一位有成就的科学作家。这些出版物立即呈现出高度专业的面貌。但是，这些出版物所面向的科学界人士却不再阅读它们。一位德高望重的大学科学家，多年来与该机构密切合作，最后对该机构的最高管理者说了原因："你们的前任总监推出的出版物是**为我们**而写的，新任总监却是**写我们**。"

老总监曾问过这样一个问题："我能为这个机构的成果贡献什么？"他的回答是："我能让外面的年轻科学家对我们的工作感兴趣，能让他们愿意来为我们工作。"因此，他把内容的重点放在重大问题、重大决策，甚至机构内部的重大争议上。这使他不止一次地与最高管理者发生正面冲突。但这位老人坚持自己的立场。他说："检验我们出版物的标准不是我们是否喜欢它们。检验标准是有多少年轻科学家向我们申请工作，以及他们有多优秀。"

问"我能贡献什么？"，就是要寻找工作中未被利用的潜力。在许多职位上所谓的优秀绩效，其实远远没有发挥出该工作可以贡献的全部潜力。

■ 美国大型商业银行代理部的业务活动，通常被认为有利可图却枯燥乏味。这个部门代理公司证券的登记和转让事务，向这些公司收取代理费。它将股东的名字记录在案，分发和邮寄他们的股息支票，并做大量类似的文书工作——所有这些都需要精确和高效，但很少需要巨大的想象力。

它似乎就是这样的，直到纽约一家大型银行代理部的新任副总裁问道："代理部能做出什么贡献？"然后他意识到，代理部的工作使他能直接接触银行客户的高级财务管理者，他们对所有银行服务（存款、贷款、投资、养老基金管理等）做出"购买决策"。当然，代理部本身必须高效地运行。但正如这位新任副总裁所意识到的，它最大的潜力是推销该银行的所有其他服务。在新负责人的领导下，代理部从以前的高效文书部门，变成了整个银行的一支非常成功的营销队伍。

那些不问自己"我能贡献什么？"的管理者，很可能瞄准了过低的目标，而且很可能瞄准了错误的目标。尤其是，他们可能把自己的贡献界定得过于狭窄。

正如刚才的两个例子所示，"贡献"可能意味着不同的事情。每个组织都需要三个主要方面的绩效：它需要直接的成果，建立并确认价值观，以及为明天打造和发展人才。三者当中任何一个方面如果没有绩效，它就会衰败和死亡。因此，所有这三个方面都必须被纳入每一位管理者的贡献之中。但是，它们的相对重要性随着管理者的个性和职位以及组织需要的不同而有很大的不同。

一般来说，一个组织的直接成果是清晰可见的。在一家企业中，它们是经济成果，如销售额和利润；在医院里，它们是对病人的照顾；诸如此类。但是，即使是直接成果也不是完全没有争议的，正如那位银行代理部副总裁的例子所示。如果人们不清楚应该产生什么直接成果，就根本不会有任何成果。

■ 一个例子是英国国有航空公司的绩效（或者说缺乏绩效）。它们可以作为企业来经营。它们也可以作为执行英国国家政策和提高英联邦凝聚力的工具来经营。但它们在很大程度上是为了保持英国航空工业的活力而被经营的。由于在三种不同的直接成果概念之间摇摆不定，它们在这三个方面都做得很差。

直接成果总是第一位的。它们在养育组织方面的作用，就像卡路里对人体吸收营养的作用一样。但任何组织也需要对价值观的承诺和不断的确认，就像人体需要维生素和矿物质一样。必须有一些"这个组织所代表的东西"，否则它就会退化到无组织、混乱和瘫痪的状况。在一家企业中，价值观承诺可能是技术领先，也可能是为美国家庭寻找合适的商品和服务，并以最低的价格和最好的质量采购它们（如Sears Roebuck 公司的价值观承诺）。

价值观承诺，就像结果一样，并不是一清二楚的。

■ 美国农业部多年来一直挣扎在两个根本不相容的价值观承诺之间，一个是提高农业生产力，另一个是发展作为国家

"脊梁"的"家庭农场"。前者一直在将国家推向工业化农业，期望农业能够高度机械化、高度工业化，本质上是一种大规模的商业行为。后者则要求人们怀旧、支持生产力低下的农村无产阶级。但是，由于农业政策一直（至少直到最近）在两种不同的价值观承诺之间摇摆不定，结果除了花费大量的金钱之外，一无所获。

最后，组织在很大程度上是一种手段，用来克服死亡施加在个人贡献上的限制。一个不能自我延续的组织是失败的，因此，一个组织必须在今天提供明天能够管理它的人。它必须更新其人力资本。它必须稳定地升级其人力资源。今天这一代人通过辛勤工作和奉献所取得的成就，应该为下一代人所传承。然后，他们应该站在前辈的肩膀上，确定一个新的"高度"，作为再下一代的基准线。

一个组织如果只是延续今天的愿景、卓越和成就，就失去了适者生存的能力。由于人类事务中唯一确定的事情是变化，它将无法在变化的明天生存。

管理者聚焦于贡献本身就是一种发展人才的强大力量。人们会根据对他们的要求有多高来调整自己。管理者如果将目光放在贡献上，会提升与他共事的每个人的眼界和标准。

■ 一家医院的新院长在召开第一次员工会议时，以为一件相当棘手的事情已经解决了，大家都满意了，没想到一个与会者突然问："这能让布莱恩护士满意吗?"争论一下子就开始了,最后产生了更加雄心勃勃的新的解决方案。

这位院长后来了解到,布莱恩护士曾在医院长期服务,她并不特别出众,也没有当过主管。但是,每当她所在的楼层在做有关病人护理的决定时,布莱恩护士就会问:"在帮助这个病人上,我们做到了竭尽全力吗?"因此,布莱恩护士所在楼层的病人状况更好,恢复得更快。多年来,整个医院逐渐学会了采用被称为"布莱恩护士法则"的做法。换句话说,大家学会了问:"为了实现这家医院的目的,我们是否做出了最好的贡献?"

虽然布莱恩护士本人已在十年前退休,那些职位比她高、资历比她丰富的人,仍然遵循她树立的标准。

致力于贡献就是致力于负责任的卓有成效。否则,一个人自己没有用尽全力,对组织没有做足贡献,对同事相当于弄虚作假。

管理者失败的最常见原因,是能力不足或者缺乏按照新职位的要求做出改变的意愿。管理者如果继续做调任新职位之前自己干得很成功的那些事,基本上必然会失败。职位变了,不仅他的贡献应该指向的结果会变,三种绩效的相对重要性也会变。管理者如果不明白这一点,就会突然发现自己在用错误的方式做错误的事情——尽管他做的正是在原职位上以正确的方式做的事情。

■ 这是二战期间许多能干的人在首都华盛顿作为管理者失败
的主要原因。<sup>⊖</sup>他们不能适应华盛顿的"政治性"，或者
本来是独立自主的人，突然发现自己是"一台大机器上
的齿轮"。也有许多人证明自己在华盛顿也是卓有成效的
管理者，尽管他们也不懂政治，或者从未管理过比两人
律师事务所更大的机构。比如罗伯特·E.舍伍德（Robert
E. Sherwood）是大型的战争情报办公室（Office of War
Information）最卓有成效的一位管理者（也是关于权力有
效性的最具洞察力的书之一<sup>⊜</sup>的作者），而他是一位剧作家，
之前经营的"组织"由他自己的办公桌和打字机组成。

在战时华盛顿获得成功的人都聚焦于贡献。因此，他们改变了自
己所做的事情，也改变了自己在工作中给予每个价值层面的相对权
重。然而，失败者尽管在很多情况下工作得实际上更加勤奋，但他们
并没有挑战自己，没有看到重新调整工作方向的必要性。

■ 一个突出的成功例子是，一个已经 60 岁的人成为一家大型
全国性连锁零售店的首席执行官。这个人在公司二把手的
位置上待了 20 年或更久。他心满意足地在一位外向而积极
的首席执行官手下工作，而这位首席执行官实际上比他年

---

⊖　二战期间，许多"平民"因为战争原因，进入政府部门服务。——译者注
⊜　《罗斯福与霍普金斯》（*Roosevelt and Hopkins*），纽约：Harper & Row 于 1948 年
　　出版。

轻好几岁。他从未想过自己会成为首席执行官。但他的老板在 50 多岁时突然去世，这位忠实的副手不得不接任。

这位新的负责人是作为一个财务人员晋升上来的，对数字很在行——成本核算系统、采购和库存、新商店的融资、顾客流量研究，等等。对他来说，人基本上是一个模糊的抽象概念。当他突然发现自己是首席执行官时，他问自己："什么事情只能由我来做，而且真的做得好的话，会给这家公司带来真正的改变？"他的结论是，唯一真正重要的贡献是培养未来的经理人。多年来，该公司一直以其管理者发展政策为荣。"但是，"新任首席执行官辩称，"政策本身不做事。我的贡献是确保这项政策变成现实。"

从那时起，在他余下的任期内，他每周三次在吃完午饭回来的路上走到人事部，随机拿起 8 个或 10 个年轻主管的档案。回到办公室后，他打开第一个人的档案，快速浏览，然后给这个人的上司打了一个电话："罗伯逊先生，我是纽约的首席执行官。你的员工中有一个年轻人，乔·琼斯。6 个月前，你不是建议把他安排在一个可以获得商品销售经验的工作岗位上吗？你确实说过。为什么你至今没有采取任何措施呢？"然后就挂了电话。

下一个档案打开后，他会给另一个城市的另一位经理人打电话："史密斯先生，我是纽约的首席执行官。我知道你推荐了手下的一个年轻人迪克·罗，让他做一份能够学习商店会计知识的工作。我刚刚注意到，你已经贯彻了这一

建议，我想告诉你，我很高兴看到你为培养我们的年轻人
而努力。"

这个人在退休前几年才坐到首席执行官的位置上。但在 10 年或
15 年后的今天，那些从未见过他的管理者，相当公正地将公司自他上
任以来的巨大发展和成功归功于他。

■ 罗伯特·麦克纳马拉作为美国国防部长的非凡成效，在很
大程度上也可以归功于他问了自己"我能贡献什么？"。肯
尼迪总统在 1960 年秋天把他从福特公司挖过来，把内阁
中最难的工作交给了他，而他对这份工作完全没有准备。

　　在福特公司时，麦克纳马拉就完全是一个"主内"的
人。他上任国防部长后，一开始也不关心政治，试图将国
会联络工作留给下属去做。但几周后，他意识到，国防部
长要依靠国会的理解和支持。因此，尽管他不喜欢抛头露
面，也不愿意玩弄权术，但他强迫自己去做一些对自己来
说既不顺手又不顺心的事情：经营与国会的关系，结交国会
委员会中有影响力的人，试着去掌握国会内部斗争的奇异
艺术。他在与国会打交道的过程中肯定没有完全成功，但
他比以前的任何一位国防部长都做得更好。

麦克纳马拉的故事表明，管理者的职位越高，向外看所起的作用
就越大。一般来说，在一个组织中，高层管理者走出去的空间也最大。

■ 美国当今这一代大学校长最大的缺点，也许是他们向内聚焦于行政管理、筹款等方面。然而，在大型大学中，没有其他管理者能自由地与作为大学"顾客"的学生建立联系。学生与行政管理部门的疏远无疑是造成学生不快乐和动荡的主要因素，例如1965年加州大学伯克利分校的骚乱就是由此引发的。

## 如何让专家卓有成效

对知识工作者来说，聚焦于贡献是特别重要的。这是他能否做出贡献的关键。

知识工作者并不生产"实物"。他们生产思想、信息、概念。此外，知识工作者通常是专家。事实上，一般来说，只有当他学会了很好地做某件事，也就是说，只有他有专长，他才能做到卓有成效。然而，一个专业本身只是一个碎片，是不产生成果的。他的产出必须与其他专家的产出结合起来，才能产生成果。

我们的任务不是培养通才，而是要让专家能够使自己和自己的专业卓有成效。这意味着他必须想清楚谁将使用他的产出，以及用户需要知道和理解什么，以便能够使专家生产的片段知识产生成效。

■ 今天，人们普遍认为，我们社会中的人分为"科学家"和"门外汉"。这样就很容易要求门外汉学习一点科学家的知识、术语和工具，等等。但是，即便曾经这样划分过，那也是 100 年前的事了。今天，在现代组织中几乎每个人都是具有高度专业知识的专家，每一种专业知识都有自己的工具、自己的关注点和自己的行话，而科学也都变得四分五裂，以至于一个物理学家发现自己很难理解另一个物理学家所关心的东西。

成本会计师和生物化学家一样也是"科学家"，因为他有自己特殊的知识领域，该领域有自己的假设、自己的关注点、自己的语言。市场研究员和计算机逻辑学家、政府机构的预算官员以及医院的精神病治疗师也是如此。他们中的每一个都必须被别人理解，然后才能做到卓有成效。

拥有知识的那个人必须承担起让别人理解他的责任。认为门外汉能够或应该努力理解他，而自己只需与少数专家同行交谈就足够了，这种假设是一种野蛮的傲慢。即使在大学或研究实验室里，这种态度（唉，今天太普遍了）也会使专家变得一无是处，他的知识没有帮助他学习，而是让他变得迂腐。如果一个人想成为管理者，也就是说，如果他想被认为对自己的贡献负责，他就必须关心其"产品"（也就是他的知识）的实用性。

卓有成效的管理者都懂得这一点，因为他们有一种向上看的倾向，几乎是在不知不觉中，就发现了其他人需要什么，其他人看到了什么，其他人懂得什么。卓有成效的管理者会问组织中的其他人，包括他们的上司、他们的下属，但最重要的是他们在其他领域的同事："为了使**你**对组织有所贡献，你需要我做出什么贡献？你需要我在什么时候，以哪种形式，用什么方式来做出这个贡献？"

- 例如，如果成本会计师问这些问题，他们很快就会发现，他们的哪些假设（尽管对他们来说是显而易见的）对要使用这些数字的经理人来说是完全陌生的。他们很快就会发现，哪些对他们来说很重要的数字对运营人员来说是无关紧要的，以及哪些数字（他们几乎看不到，也很少报告这些数字）是运营人员每天真正需要的数字。

  制药公司的生物化学家提出这些问题后，很快就会发现，他们的研究结果只有在用临床医生的语言而不是用生物化学术语表述的情况下，才能被临床医生使用。然而，临床医生在决定是否将一种新的化合物投入临床试验时，会决定生物化学家的研究产品是否有机会成为一种新的药物。

  政府中聚焦于贡献的科学家很快就意识到，他必须向政策制定者解释一项科学发展**可能**导致的结果；他必须做科学家通常视为禁忌的一件事情，即猜测某个科学探索会带来的结果。

关于"通才"，唯一有意义的定义是：一个能够将自己的狭小领域与广阔的知识宇宙联系起来的专家。也许有一些人拥有超过几个狭小领域的知识。但这并不能使他们成为通才，而会使他们成为几个领域的专家。一个人可以是三个领域的专家，但在每个领域都故步自封。然而，对自己的贡献负责的人，会把他狭小的领域与一个真正的整体联系起来。他自己可能永远无法将一些知识领域整合成一个整体，但他很快意识到，他必须尽可能多地了解其他人的需求、方向、限制条件和看法，从而让他们能够使用他自己的工作成果。即使这没有培养出他对多样性的丰富而刺激的欣赏，也会使他对学者的傲慢产生免疫力。这种傲慢是退行性疾病，会破坏知识，夺走知识的美感和有效性。

## 正确的人际关系

组织中的管理者拥有良好的人际关系，不是因为他们有与人打交道的天赋。他们拥有良好的人际关系，是因为他们在自己的工作和与他人的关系中聚焦于贡献。因此，他们的关系是富有成效的，而这是"良好人际关系"的唯一有效定义。如果在这种以工作和任务为中心的关系中没有取得成就，那么温情脉脉与甜言蜜语是没有意义的，事实上，它们是伪劣态度的虚假表象。另外，如果一种关系为相关各方带来成果和成就，那么偶尔有点争吵不会破坏这种关系。

■ 如果让我根据自己的经验说出人际关系最好的人，我会说出三个人：乔治·C. 马歇尔（George C. Marshall）将军，二战期间的美国陆军参谋长；小阿尔弗雷德·P. 斯隆，20 世纪 20 年代初期至 50 年代中期通用汽车总裁；以及斯隆的一位高级同事尼古拉斯·德雷斯塔特（Nicholas Dreystadt），他在大萧条时期将凯迪拉克打造为成功的豪华汽车（如果不是他在二战后早逝，他很可能在20世纪50年代的某个时候成为通用汽车的首席执行官）。

这些人彼此之间有很大的差异：马歇尔，"职业军人"，寡言少语、不苟言笑、一心为公，但有强大的腼腆的魅力；斯隆，"管理者"，为人矜持、彬彬有礼、总是跟人保持距离；德雷斯塔特，热情洋溢、滔滔不绝，看上去是典型的德国工匠，来自"古老的海德堡"。每一个人的下属对待他们不仅忠心耿耿，而且真心爱戴。这三个人都围绕着贡献，以不同的方式建立了自己与他人（他们的上司、同事和下属）的关系。这三个人都必须与他人密切合作，并操心大量的人事问题。三人都必须做出关键的"人事"决策，但是这三个人中没有一个担心"人际关系"。他们把"人际关系"视为理所当然。

聚焦于贡献本身，就对卓有成效的人际关系提出四个基本要求：

- 沟通
- 团队合作
- 自我发展
- 培养他人

1. 在过去的20年或更长的时间里，沟通一直是管理学关注的中心。在企业、公共管理机构、军队、医院中，或者说，在现代社会的所有主要机构中，人们都非常关心沟通问题。

不过迄今为止没有取得什么成果。今天的沟通大体上和二三十年前一样糟糕，那时候我们第一次意识到在现代组织中既需要足够的沟通，也缺乏足够的沟通。但现在我们正在开始理解为什么这种大规模的沟通努力无法产生成果。

我们一直致力于从管理层到员工、从上司到下属的向下沟通。但是，如果沟通是建立在向下的关系上，那么实际上是不可能达到效果的。我们从关于感知和沟通的理论中对这一点有很多了解。上司越是努力地对下属说什么，下属就越有可能听**错**。他将听到他期望听到的内容，而不是上司正在说的内容。

但是，对自己工作中的贡献负责的管理者，通常会要求下属也承担责任。他们往往会问他们的手下："本组织和我——你们的上司——应该让你们对什么贡献负责？我们应该对你们有什么期望？怎么样才能充分发挥你们的知识和能力？"这样一来，沟通就成为可能，变得确实容易。

一旦下属想清楚了他应该被期望做出什么贡献，上司当然有权利和责任来判断下属所提议的贡献是否有效。

> ■ 根据我们所有的经验，下属为自己设定的目标几乎从来不是上司所认为的那样。换句话说，下属或资历浅的人员对现实的看法确实有很大不同。他们越是有能力，越是愿意承担责任，他们对现实的感知、对客观机会和需求的感知，就越是与上司或组织不同。但是，他们的结论和上司的期望之间，一旦产生任何差异，就会非常突出。

在这样的分歧中谁是正确的，往往并不重要，因为卓有成效的有意义的沟通已经建立起来了。

2. 聚焦于贡献，这导致横向沟通，从而使团队合作成为可能。

"要让我的产出变得卓有成效的话，需要让谁来使用它？"这个问题立即显示出不在管理者的权威链的上方与下方的那些人的重要性。它强调了知识型组织的现实：卓有成效的工作实际上是由团队来完成的，而具有不同知识和技能的人组成了团队。这些人必须自愿地在一起工作，而且根据形势的逻辑和任务的要求来工作，而不是根据正式的管辖结构。

■ 例如，在医院（也许是最复杂的现代知识型组织）中，护士、营养师、物理治疗师、医疗和X光技术人员、药剂师、病理学家，以及其他许多健康服务专业工作者，要同时治疗一个病人，而且任何人都不能指挥或控制其他人。他们不得不为了一个共同的目的，按照一个总的行动计划，即医生的治疗方案，一起工作。就组织结构而言，这些卫生服务专业工作者中的每个人都向自己的主管报告。每个人都在自己高度专业的知识领域内工作，也就是说，作为一个"专业人士"开展工作。但是，每个人都必须了解一个病人的具体状况、病情和需求，而且让所有其他人也了解相应的情况。否则，他们的努力很可能是弊大于利。

如果在某个医院，聚焦于贡献已经成为根深蒂固的习惯，那么实现这样的团队工作几乎没有困难。相反，在其他医院，尽管院方通过各种委员会、员工大会、公告栏、宣讲等方式，拼命进行沟通和协调，但这种横向沟通并没有出现，员工们也没有自发地组织成适当的以任务为中心的团队。

当今典型的机构有一个组织问题，传统的概念和理论完全不足以解决这个问题。知识工作者对待自己的知识领域，必须持有专业的态度。他们必须考虑对自己的能力和工作标准负责。在正式的组织方面，他们会把自己看作"隶属"于某个职能专业，例如生物化学，或者医院里的护理。在人事管理方面，他们的培训、他们的档案，以及他们的评估和晋升，将由这方面的知识型职能部门来管理。但在他们的工作中，他们越来越需要作为负责任的成员，与来自完全不同的知识领域的人一起，围绕手头的具体任务组建成一个团队。

聚焦于向上的贡献本身，并不会提供组织的解决方案。然而，它将有助于理解任务和沟通，从而使不完美的组织发挥作用。

■ 由于信息方面的计算机革命，知识工作者之间的沟通正变得至关重要。长期以来存在的问题一直是如何在"信息"的基础上进行"沟通"。由于信息必须由人来处理和传递，它总是被沟通扭曲，也就是说，被意见、印象、评论、判断、偏见等所扭曲。现在，我们突然处于这样一种情况：信息在很大程度上是非个人化的，因此，它没有任何沟通内容，只是纯粹的信息。

但现在我们有一个问题，那就是进行必要的最低限度的沟通，以便我们相互理解，并且能够了解彼此的需求、目标、看法和做事的方式。信息并不能提供这些。只有直接接触，无论是通过声音还是通过书面文字，才能沟通。

我们越是将信息处理自动化，就越是要为卓有成效的沟通创造机会。

3. 聚焦于贡献，在很大程度上决定了个人的自我发展。

"为了提升这个组织的绩效，我能做出的最重要的贡献是什么？"自问这个问题的人，实际上是在问："我需要什么样的自我发展？我必须获得哪些知识和技能，才能做出我应有的贡献？我必须在工作中发挥哪些优势？我必须为自己设定什么标准？"

4. 聚焦于贡献的管理者也激励其他人发展自己，无论他们是下属、同事还是上司。他制定的标准不是针对个人的，而是基于任务的要求。同时，这些标准也是对卓越的要求，因为它们是对远大抱负、雄心勃勃的目标和具有重大影响的工作的要求。

我们对自我发展知之甚少。但我们确实知道一件事：一般人都是根据自我设定的要求成长的，知识工作者更是如此。他们根据自己所认为的成绩和成就成长。如果他们对自己的要求不高，他们就会一直得不到发展。如果他们对自己的要求很高，他们就会成长为巨人——不需要比那些没有成就的人付出更多努力。

## 卓有成效的会议

会议、报告或演讲是管理者的典型工作场景。它们是他日常使用的特定工具。它们也对他的时间提出了很高的要求，即使他成功地分析了自己的时间，并掌控了可以掌控的任何事情。

卓有成效的管理者知道自己期望从会议、报告或演讲中得到什么，以及这些活动的目的是什么或应该是什么。他们问自己："我们为什么要召开这个会议？我们想做一个决策，还是想要发布信息，还是想让自己弄清楚我们应该做什么？"他们坚持认为，在召集会议、要求报告或组织演讲之前，必须考虑清楚并阐明其目的。他们坚持认为，会议要服务于他们所承诺的贡献。

■ 卓有成效的人总是在会议开始时，说明会议的具体目的和应做出的贡献。他会确保会议实现这一目的。他不允许为发布信息而召开的会议堕落成"侃大山大会"——每个人都对自己的天才创意侃侃而谈。但是，由他召集的旨在激发思考和创意的会议，也不会变成某个成员滔滔不绝的演讲，而是会挑战和激发会议室里的每个人。在会议结束时，他总是回顾开场白提到的会议目的，看看会议的最终结论是否实现了这个目的。

还有一些规则，可以让会议开得富有成效。（例如，一条显而易见但通常被忽视的规则就是：一个人要么主持会议并倾听其他与会者讲出重要的事情，要么就参加会议并发言。他不能两者兼顾。）但最重要的规则是，从一开始就让会议聚焦于贡献。

聚焦于贡献，足以消除管理者的一个基本问题：事件是不明朗和无序的，而且事件本身无法告诉你哪些事件是有意义的，哪些只是"噪声"。聚焦于贡献设定了一项组织原则，它厘清了事件的相关性。

聚焦于贡献，将管理者天生的弱点（对他人的过分依赖，以及置身于组织内部）变成了优势的源泉，那就是它打造了团队。

最后，聚焦于贡献，可以抵御故步自封于组织内部的诱惑。它引导管理者，尤其是高层管理者，将目光从内部的努力、工作和关系转向外界，即转向组织的成果。它使他努力地直接接触外界——无论是市场和客户、社区的病人，还是政府机构以外的各种"公众"。<sup>⊖</sup>

聚焦于贡献，就是聚焦于卓有成效。

---

⊖　这一段和前两段的内容，分别对应第 1 章阐述的管理者四大现实中的后三个。也就是说，"聚焦于贡献"，有利于管理者应对这三个现实的挑战。——译者注

第 4 章

# 用人之长

THE EFFECTIVE EXECUTIVE

　　卓有成效的管理者用人之长。他知道，一个人不能基于短处来成事。为了取得成果，一个人必须利用所有可用的长处，包括下属的长处、上司的长处和自己的长处。这些长处是真正的机会所在。用人之长是组织的独特目的。当然，组织无法消除我们每个人具有的大量短处，但是可以把它们变得无足轻重。组织的任务就是把每个人的长处利用起来，作为整体绩效的基石。

## 用下属之长

　　管理者首先在人事决策上遇到用人之长的挑战。卓有成效的管理者根据一个人能做什么来招聘人和提拔人。他的人事决策不是为了缩小短处，而是为了放大长处。

　　■ 有人告诉林肯总统，他的新任总司令格兰特（Grant）将军嗜酒。林肯说："如果我知道他喜欢喝什么牌子的酒，我会给其他将军也送上一两桶。"林肯在肯塔基州和伊利诺伊州的边疆度过了童年，他当然深知杯中酒的危险性。但在北方军队的所有将军中，只有格兰特被证明始终有能力运筹帷幄，率领大军打胜仗。对格兰特的任命是南北战争的转折点。这是一个卓有成效的任命，林肯选择格兰特担任总司令，是因为格兰特具备经过考验的打胜仗能力，而不是因为他滴酒不沾，也就是说，不是因为他没有某个短处。

然而，林肯也是吃一堑才长一智。他在选择格兰特之前，已经连续任命了三四位将军，主要是因为他们没有明显的短处。结果，尽管北方军队在人员和装备上具有巨大的优势，但在1861～1864年漫长的三年中没有取得任何进展。与之相反，南方军队的指挥官罗伯特·E.李（Robert E. Lee）将军却是根据长处来用人。从"石墙"杰克逊（Stonewall Jackson）开始，李将军手下的每一位将军都有明显的、巨大的短处。但李将军认为这些弱点无关紧要（他这么认为是对的）。然而，他们每个人都有一个真正的长处，正是这个长处，也仅是这个长处，被李将军利用并产生了成效。结果，林肯任命的"完人"将领一次又一次地被李将军手下仅有"一技之长"的将领击败。

为一个人安排职位，或者为一个组织配备人员，如果只是想要避免短处，最多也只能做到平庸。如果有人认为世上存在"完人"，即只有长处没有短处的人（无论被称为"完整的人""成熟的人格""适应能力良好的人"还是"通才"），这种想法导致的结果即使不是无能，也会是平庸。有突出长处的人也会有突出的短处。有高峰的地方一定有低谷。没有人在多个领域都长处突出。即使是最伟大的天才，在人类的知识、经验和能力的浩瀚整体的映照下，也显得是那么渺小，不值一提。没有所谓的"牛人"。在哪方面牛？这才是问题。

一个管理者，如果关注的是其他人不能做什么而非能做什么，并且因此试图避开其短处，而不是用人之长，那么这个管理者本身就是一个弱者。他可能把他人的长处看作是对自己的威胁。但是，下属强大和卓有成效，对管理者从来不是件坏事。美国钢铁业之父安德鲁·卡内基（Andrew Carnegie）为自己选择的墓志铭是："长眠于此之人，善用更优秀之人。"这句话，既是一个做到了卓有成效的管理者的引以为傲的自夸，也是如何做到卓有成效的指南。当然，卡内基所用的那些人之所以"更优秀"，是因为卡内基发现并利用了他们的长处。这些钢铁业管理者中的每个人只是在某个特定领域中和特定职位上才"更优秀"。然而，卡内基才是把他们用起来的卓有成效的管理者。

■ 关于罗伯特·E.李将军，还有另一个故事，也体现了用人之长意味着什么。他的一位将军无视命令，从而完全打乱了李的计划，而且也不是第一次了。平时脾气好的李将军勃然大怒。等他冷静下来，他的一名助手恭敬地问道："您为什么不解除他的指挥权？"据说，李转过身来，看着这位助手，十分惊讶地说："这问得太荒谬了——他有业绩啊。"

卓有成效的管理者知道，他们的下属之所以获得报酬，是为了让他们创造业绩，而不是为了让他们取悦上司。他们知道，只要歌剧的女明星有票房，她发多少脾气并不重要。如果女明星只有发脾气才能有业绩，那么歌剧院经理之所以获得报酬，就是为了忍受她的脾气。一个一流教师或杰出学者是否对学院院长和颜悦色，或在出席教师会议时是否表现得和蔼可亲也并不重要。院长之所以获得报酬就是为了使一流教师或杰出学者能够卓有成效地完成工作——如果这包括在自己的行政工作中要忍受一些不愉快（其实是很小的代价）。

卓有成效的管理者从来不会问："他和我相处得如何？"他们的问题是："他有什么贡献？"他们的问题从来不是："一个人不能做什么？"他们的问题永远是："他能把什么事，做得不同寻常地好？"在人事上，他们寻找在某个主要领域的卓越绩效，而不是在各个领域都平庸过关。

人的本性要求我们找出并应用一技之长。事实上，那些关于"完人"或"成熟的人格"的说法，都深深地蔑视了人类最特殊的天赋：能够把所有的资源投入某一项活动、某一个努力、某一种成就之中。那也就是对卓越的蔑视。一个人只能在一个领域（最多也不过是极少数领域）取得卓越成就。

有些人的确兴趣广泛，属于我们通常所说的"全才"。但是，在多个领域取得杰出成就的人还没有出现。达·芬奇尽管涉猎甚广，但也只是在艺术领域有非凡成就；如果歌德留下的不是诗歌而只是他在光学和哲学方面的著作，那么即使在最完整的百科全书中，他甚至不会成为一条脚注。伟人尚且如此，我们这些平凡人更不用说了。因此，如果一个管理者不是关注一个人能够做什么，不是用人之长，那么他得到的结果就来自一个人不能做什么，来自用人之短，结果就是没有成效。如果人事决策是基于一个人没有短处，聚焦在短处上，那是一种浪费——是对人力资源的误用，甚至滥用。

聚焦于长处就是对绩效提出要求。如果管理者不首先问"一个人可以做什么?",他就会接受下属的低绩效大大低于下属可以真正贡献的绩效。他相当于事先为下属的低绩效找好了借口。他远远说不上严格要求,连基本要求都没有做到,这样做的后果是破坏性的。真正"严格的上司"(那些能够打造人才的上司都在某种意义上是"严格的上司")总是从一个人应该能够做好的事情开始,然后要求该人真正做好这件事情。

补人之短违背了组织的目标。组织就是这样一种工具,我们用它来发挥人的长处以创造绩效,同时中和人的短处并使之在很大程度上变得无害。特别能干的人不需要组织,也不想要组织。他们单干会干得更好。然而,其余的人,也就是绝大多数人,长处不够长,短处特别多,单干不可能卓有成效。人际关系学派的学者<sup>⊖</sup>喜欢引用一句谚语:"你不可能只雇用一双手,来的总是整个人。"同样,一个人不可能只有长处,短处总是伴随着我们。

但是,我们可以构建一个组织,使得弱点只是个人缺陷,而与工作和组织成就无关。我们可以通过构建一个组织,使得长处与工作和组织成就密切相关。一个优秀的税务会计师如果独自执业,可能会因为与人相处不善而影响业务。但在一个组织中,这样的人可以安排在一个单独的办公室里,避开与他人的直接接触。在一个组织中,一个人可以让自己的长处变得卓有成效,让自己的短处变得无关紧要。擅长财务但拙于生产或营销的小老板很可能会陷入困境。然而,在一个

---

⊖ 从 20 世纪 20 年代开始,管理研究中出现了人际关系学派,强调人不只是机器,而是有情感、有社会关系的个体。参见德鲁克在本书结论部分的相关论述。——译者注

规模稍大的企业中，一个只擅长财务的人就可以大显身手。

卓有成效的管理者不会对短处视而不见。一个管理者明白自己的工作是让约翰做税务会计师，他对约翰与人相处的能力不会抱有幻想。他绝不会任命约翰为经理人。

擅长与人相处的人并不少，一流的税务会计师反而非常稀少。因此，一个组织最要紧的事情，是知道组织中的每个人能够做什么。他们不能做的事情只是每个人都有的局限性罢了。

有人可能会说，这些道理太显而易见了。那么，为什么很少被付诸实践呢？为什么很少有管理者用人之长，特别是用他人之长？为什么即使像林肯这样伟大的人，在他用格兰特将军之前，所用的三个人都可以说是从短处出发？

主要原因在于，管理者直接面对的任务不是安排一个人，而是填补一个职位。因此，职位往往被看作是已经理所当然地存在于那里了，现在要做的就是找个人"安"上去。这样就很容易被误导，去寻找"不合适指数最低"的人，但这样的人没有什么可取之处。这样配置的只会是平庸之辈。

这个问题有个流行的"解决方案"，就是重新设计职位来将就现有人员的特质。但是，这种治疗方法比疾病更糟糕，也许在一个非常小而简单的组织中除外。职位必须是客观的，也就是说，由任务来决定，而不是由人来决定。

这样做的原因之一是，一个职位在定义、结构和层级上的每一个变化都会在组织中引起连锁反应。组织中的各个职位是相互依存、环环相扣的。我们不能因为要在某个职位上安排某个人，就改变所有人的工作和责任。因人设位，[○]即根据一个人来设计某个职位，几乎可以肯定最终会导致职位要求和现有人才之间出现更大差异。结果会变成，为了安排一个人，十几个人被改变职位，重新安排。

■ 这绝不是只有政府机构或大型商业公司等官僚组织才有的情况。比如，在大学里，必须有人教授生物化学的入门课程。最好是个优秀的人来教，而优秀的人会是个专家。然而，这样的课程必须是概论性的，必须包括该学科的基本知识，跟教师的兴趣和专长无关。要教的内容由学生的需求决定，也就是说由客观要求决定，无论谁当教师都必须接受。又比如，如果管弦乐团的指挥需要找人填补第一大提琴手的职位，他根本不会考虑一个差劲的大提琴手，即使这个差劲的大提琴手是一流的双簧管演奏者，可能作为双簧管演奏者，此人是比其他大提琴手都更出色的音乐家。指挥不会为了迎合一个人而改写乐谱。再比如，歌剧院经理知道他是靠忍受头牌女演员的脾气而获得报酬的。但是，他仍然希望，如果节目单上写的是《托斯卡》，那么她就唱《托斯卡》。

但是，职位设计要非个人化、客观化，还有一个更微妙的原因：

───────────────

○　为了准确传递德鲁克的要点，这里译者特意使用"因人设位"而非"因人设事"的说法。德鲁克在本章讲到了三个概念（位、人、事）之间的联系。德鲁克反对因人设位，而提倡因事（即任务）设位。——译者注这是创造组织所需要的人才多样性的唯一途径。这是容忍（更确切地说是鼓励）组织中的性格和个性差异的唯一途径。要容忍多样性，关系就必须以任务为中心，而不是以个性为中心；衡量绩效就必须有客观的标准。如果因人设位，就不可能做到这一点。那样的话，人们就会问："谁是正确的？"而不是："什么是正确的？"很快，人事决策问的问题就是："我喜欢这个人吗？"或者："他会被接受吗？"而不是问："他有可能干得非常出色吗？"

因人设位几乎肯定会导致用人唯亲和用跟自己相似的人。任何组织都无法承受这两种情况。人事决策需要公平和不带个人感情色彩的公正。否则，组织要么失去优秀的人才，要么打击了他们的积极性。组织还需要多样性。否则，它就会缺乏变革的能力和做出正确决策所需要的提出异议的能力（这将在第 7 章详细讨论）。

■ 这带来的一个启示是：那些打造了杰出团队的人，通常不会与他们的直接同事和下属非常亲近。他们选人看的是这个人能做什么，而不是看自己是不是喜欢这个人。他们要的是绩效，而不是顺从。为了确保这一结果，他们有意与密切合作的同事保持一定距离。

不止一个人评论说，林肯从保持亲近的个人关系变为保持一定距离之后（例如与战争部长埃德温·斯坦顿（Edwin Stanton）的关系）才成为一个卓有成效的最高管理者。富兰克林·D. 罗斯福（Franklin D. Roosevelt）在内阁中没有"朋友"，甚至他的财政部长亨利·摩根索（Henry

Morgenthau）也不是，尽管在所有非政府事务中他们都是亲密的朋友。马歇尔将军和阿尔弗雷德·P. 斯隆也是如此。这些人都是热情的人，需要密切的人际关系，具有结交朋友和保持友谊的天赋。然而，他们知道，他们的友谊必须是"工作以外的"。他们知道，他们是否喜欢一个人或认同他，这无关紧要，甚至会让他们分心。通过保持距离，他们打造了具有多样性的长处的团队。

当然，总有一些例外情况，应该让职位来配合人。比如，即使是坚持职位设计应该非个人化的斯隆，也有意识地围绕一个人，即伟大的发明家查尔斯·F. 凯特林（Charles F. Kettering）来设计通用汽车的早期工程组织。又比如，罗斯福打破了规章制度，使垂死的哈里·霍普金斯能够做出他独特的贡献。但这些例外处理是罕见的，只应该为那些已经证明有能力出色地完成不寻常工作的人而做出。

那么，卓有成效的管理者如何用下属之长，却又不至于落入因人设位的陷阱呢？

总的来说，他们遵循四条规则。

1. 一开始，他们并不假设职位是由造物主或者上帝设计的。他们深知职位是由极易犯错的人设计的。因此，他们警惕那些"不可能"的职位，即正常人无法胜任的职位。

这种职位并不少见。它们看似合乎逻辑，但无人胜任。某个职位用了一个又一个人，他们在之前的职位上都干得很好，但就是没有人胜任这个职位。少则半年，多则一年，这个职位总能够打败他们。

这样的职位一开始几乎总是为一个超凡人士而设，并根据他的各种禀性量身定做的。这些禀性很少同时出现在一个人身上，但这个职位从此就这么要求了。知识和技能都可以获取，但禀性很难改变。一个需要不同禀性的职位就成了一个"无法干好"的职位，让其他人一一落下马来。

规则很简单：任何职位如果连续打败了两三个人，而这些人在以前的任务中都表现很好，那么这个职位必须被假定为不适合人类。它必须被重新设计。

> ■ 例如，市场营销的教材都认为，销售管理与广告和促销一样，属于同一个营销管理者的职责。然而，来自销售全国性品牌的大型大众消费品制造商的经验表明，这种包罗万象的营销职位是不可能做好的。这样的业务既需要在现场销售（也就是流动商品（moving goods））上做到卓有成效，也需要在广告和促销（也就是打动人心（moving people）⊖）上做到高度的卓有成效。这要利用不同的个性，这些个性很难在同一个人身上找到。
>
> 在美国，一所大型大学的校长也是这样一个不可能做好的职务。至少我们的经验是，只有少数人在这个职位上干成功了——尽管那些被选中的人，在以前的职位上几乎总是业绩辉煌。

---

⊖ 德鲁克在这里用 moving goods 和 moving people 玩了一个语言游戏，中文较难传递其含义。——译者注

今天的大型跨国企业的国际副总裁很可能是另一个例子。一旦本土之外的生产和销售变得重要起来（一般在超过总额的1/5左右时），跨国企业就容易把所有非本土业务放在一个部门里，然后产生一个不可能做好的、让人落荒而逃的职位。这个工作要么按全球产品集群来组织（例如荷兰的飞利浦公司所做的），要么根据主要市场的共同的社会和经济特征来组织。例如，它可以被分成三个职位：一个管理工业化国家（美国、加拿大、西欧、日本）的业务；一个管理发展中国家（拉丁美洲大部分国家、澳大利亚、印度、近东地区国家）的业务；一个管理其余的不发达国家的业务。几家主要的化学公司正在走这条路。

今天，一个大国的大使也处于类似的困境中。他的大使馆已经变得如此庞大、笨重，而且活动繁多，以至于如果他管理日常事务，就没有时间也（几乎可以肯定）没有兴趣去做他该做的首要工作：了解他所派驻的国家及其政府和政策，了解其人民，并赢得他们的了解和信任。另外，尽管麦克纳马拉先生在五角大楼展现出了令人折服的管理能力，我还是不相信有人可能真正做好美国国防部长的职务（不过我承认，我也想不出替代方案）。

因此，卓有成效的管理者首先要确保职位设计得当。如果经验告诉他并非如此，他不会去寻找天才来完成不可能的事情，而是重新设计职位。他知道检验组织的标准不是拥有天才，而是使寻常之人取得超常绩效的能力。

2. 用下属之长的第二条规则是让每个职位都要求高、范围广。它应该有挑战性，使得一个人可以尽可能地发挥长处。它涵盖的范围要广，使得一个人只要有相关的长处，就能取得重要的成果。

然而，大多数大型组织不是这么做的。它们倾向于把职位设计得很狭小，但如果我们不把人当成仅有单一用途的机器的话，这么做就没有意义。我们要按照人本来的样子把人安排到职位上去。而且，除了极少数仅有最低要求的职位以外，任何职位的要求都会变，还常常变得很快。因此，"绝配"很快也会变成误配。只有把职位在一开始就设计得范围广、要求高，它才能使得一个人能够适应形势变化后的新要求。

这条规则尤其适用于刚刚进入职场的知识工作者的职位。不管他的长处是什么，都应该有机会得到充分的发挥。他会以他第一个职位所设定的标准，来指引自己的职业生涯，来评价自己和自己的贡献。只有成年之后得到第一个职位，知识工作者才有机会创造绩效。他在学校里只是在展示潜力罢了。无论是在研究实验室中、在教学岗位上、在企业中还是在政府机构中，他只有在实际工作中才可能创造绩效。不管是对作为职场新人的知识工作者本人来说，还是对组织的其他成员（他的同事和他的上司）来说，最重要的事是发现他真正能够做什么。

对他来说同样重要的，是尽早发现自己所在的岗位，甚至所从事的工作类型是否适合自己。对于体力工作所需的能力和技能，有相当可靠的测试方法。人们可以事先测试一个人是否很有可能做好木匠或机械师。对于知识工作，却没有这样的测试方法。知识工作所需要的不是某种特殊的技能，而是一种心智模式，只有通过绩效的考验才能揭示出来。

一个木匠或一个机械师的职位是由技艺决定的，在不同的车间里差别不大。但是对一个知识工作者在一个组织中做出贡献的能力来说，组织的价值观和目标至少同他自己的专业知识和技能一样重要。一个年轻人的长处对一个组织有用，在另一个组织中却可能完全不适合，而这两个组织粗看起来完全相同。因此，知识工作者的第一个职位应该使得他既能测试自己，又能测试组织。

> ■ 这不仅适用于不同类型的组织，如政府机构、大学或企业，这在同类组织中也同样适用。我还没有见过两个具有相同价值观和强调相同贡献的大企业。每一个大学管理者都知道，一个教授在一所大学过得开心，成果丰富，而转到另一所大学任教后，可能会发现自己不知所措，不再开心，处处受挫。尽管公务员委员会努力要求所有政府部门遵守同样的规则和使用同样的标准，可是政府机构一旦存在几年，就会有独特的个性。每个机构都需要其工作人员，特别是专业人士，按特定的方式行事，才能卓有成效地做出贡献。

人在年轻时很容易流动，至少在流动性较强的西方国家是这样。然而，一个人在一个组织中如果工作了 10 年或超过 10 年，换工作就没那么容易了，对那些没有太大成效的人来说更是如此。因此，年轻的知识工作者应该及早问自己："就我的长处而言，我是否身处合适的工作和合适的岗位？"

但是，如果一开始的职位太狭小、太轻松，如果职位设计是为了弥补他的经验不足，而不是充分发挥他的潜力，那么他就无法问这个问题，更不用说回答这个问题了。

不管是军队的医生、研究实验室的化学家、工厂的会计师或工程师，还是医院的护士，针对年轻的知识工作者的每一次调查都得到一致的结果。那些充满热情的人，那些有工作成果的人，他们的能力都受到了挑战，都得到了发挥。那些深受挫折的人则都以这样或那样的方式说："我的能力没有得到发挥。"

年轻的知识工作者，如果职位太狭小，无法挑战和测试他们的能力，他们要么离开，要么过早进入中年状态，变得"油腻"起来，愤世嫉俗，一事无成。到处都有管理者抱怨说，那些胸中燃烧着满腔热情的年轻人，很快就变成了一堆灰烬。这些管理者只能怪他们自己：他们把年轻人的职位设计得太狭小，从而熄灭了火种。

3. 卓有成效的管理者知道，他们用人必须从一个人能够做什么开始，而不是从一个职位的要求开始。然而，这意味着他们在思考职位之前，就一直在思考人，而且是独立于职位思考人。

这就是今天组织广泛采用评估流程的原因。组织中的员工，尤其是知识工作者，定期被评估。其目的是在决定一个人能否担任工作范围更广的职位**之前**，得出对他的评价。

然而，尽管几乎每个大型组织都有评估制度，却很少有人真正使用它。管理者会说，他们当然每年至少要对每个下属进行一次评估。但同样这些管理者会说，据他们所知，他们的上司从来没有评估过他们。评估表格被归档，但是要做人事决策时，没有人会参考这些表格。每个人都把它们当作废纸。最重要的是，几乎没有例外，上司与下属坐下来讨论评估结果的"评估面谈"从未发生过。然而，评估面谈是整个系统的关键。为什么会错得这样离谱？有一本管理新书的广告为回答这个问题提供了线索。广告中提到，评估面谈是上司眼中"最令人讨厌的工作"。

现在在绝大多数组织中使用的评估，最初是由临床心理师和变态心理学家为实现他们自己的目的而设计的。临床心理师是训练有素的治疗师，旨在治疗病人。他理所当然地关心病人哪里出了什么毛病，而不是关心病人哪里很正常。他理所当然地认为，一个人除非有麻烦，否则不会来找他。因此，临床心理师或变态心理学家非常恰当地把评估看作是诊断一个人的短处的过程。

■ 我意识到这一点，是在第一次接触日本式管理时。在举办一个关于管理者发展的研讨会时，我惊讶地发现，没有一个日本与会者（他们都是大型组织的顶层人士）使用评估。当我问为什么不使用时，其中一个人说："你们的评估只关心如何指出一个人的缺点和短处。由于我们既不能解雇一个人，也不能拒绝他的进步和晋升，所以这对我们来说毫无意义。相反，我们对他的短处了解得越少越好。我们需要知道的是一个人的长处和他能做什么。你们的评估甚至对这个都不感兴趣。"西方的心理学家，尤其是那些设计评估方法的心理学家，很可能不同意。但是这就是每一个管理者，无论是日本人、美国人还是德国人，对传统评估的看法。

总的来说，西方可以好好思考一下日本取得成就的经验。正如每个人都听说过的那样，在日本有"终身雇用制"。一旦一个人出现在工资单上，他将根据自己的年龄和服务年限在其所属的职位类别（工人、白领雇员，或专业人员和管理者）中晋升，他的工资大约每15年翻一番。他不能离开，也不能被解雇。只有在所属职位类别的顶层和45岁以后才有差别，只有极少数人通过能力和功绩被选择担任高层管理者职位。这样的制度如何能与日本所展示的巨大的成果和成就能力相匹配？答案是，他们的制度迫使日本人淡化短处。正因为他们无法调动人员，日本的管理者总是在团队中寻找能够完成工作的人。他们总是在寻找长处。

我不推荐日本的制度。它远远不够理想。在这样的制度中，少数能干的人承担了几乎所有重要的事情，其他人则搭了组织的便车。但是，如果西方人希望从个人和组织在我们的传统中都享有的更大的流动性中得到好处，我们最好采用日本的习惯，即寻找长处和用人之长。

对一个上司来说，如果按照我们的评估方法所要求的，聚焦于下属的短处，就会破坏他与下属的关系。所以，许多管理者不按评估方法的要求行事，而是遵循了自己的本能，也算合情合理。他们认为聚焦于寻找缺陷、毛病和短处的评估面谈令人讨厌，也完全可以理解。一个人如果作为病人来寻求帮助，治疗者有责任讨论他的毛病。但是，正如自希波克拉底（Hippocrates）以来人们就知道的，这样的医患关系与上下级之间的权威关系是不相容的。这种关系使得继续在一起工作几乎是不可能的。因此，很少有管理者使用官方的评估方法，这并不令人惊讶。它是一个错误的工具，用在了错误的情形中和错误的目的上。

评估以及评估背后的哲学，也过于关注"潜力"了。经验告诉我们，人们无法评估一个人未来任何期间的潜力，也无法评估一个人做跟现在不一样的事情的潜力。"潜力"只是"前景"的另一种说法。即使展现了前景，也很可能是一场空，而那些没有展现出前景的人（很可能只是因为没有得到机会）倒是产生了绩效。

人们所能衡量的就是绩效。人们应该衡量的也是绩效。这是把职位设计得范围广、要求高的另一个原因。这也是为什么要想清楚一个人应该对其组织的成果和绩效做出何种贡献的原因之一。因为只有对绩效有明确的预期，我们才能衡量一个人的绩效。

人们仍然需要某种形式的评估流程，否则就只会在有职位空缺需要填补的时候才进行人事评估，而那是在错误的时间进行的。因此，卓有成效的管理者通常会有自己的评估流程，与流行的形式大不相同。这个流程从两张单子开始，一张是对一个人在过去和现在的职位上的主要贡献的预期，另一张是对他基于这些目标的贡献的记录。然后提出四个问题：

（1）"什么事情他已经做得很好了？"

（2）"因此，还有什么事情，他很可能有能力做得很好？"

（3）"为了能够充分发挥他的长处，他必须学习什么知识，掌握什么技能？"

（4）"如果我有儿子或女儿，我是否愿意让我的儿子或女儿在他手下工作？"

1）"如果是，为什么？"

2）"如果不是，为什么？"

相比于通常的评估流程，这样的评估实际上更加严格。尽管如此，它聚焦于长处。它从一个人能够做什么开始。短处只从这样的角度来考虑：是否限制了他自身长处的充分发挥，是否限制了他取得成就和成果。

最后一个问题 2）是唯一的主要关切不是长处的问题。如果上司很能干，下属常常会效仿上司，尤其是那些聪明、年轻、雄心勃勃的下属。因此，在一个组织中，没有什么比一个能力强但人品差的管理者更具腐蚀性和破坏性的了。这样的人也许单干可以干得不错，甚至在一个组织内也能被容忍，如果不让他管人的话。但是，如果让他在一个组织中掌权，他就会起到破坏作用。因此，这个方面的短处，是唯一的本身就很重要的短处（而非要看其与长处的关系）。

只有诚信与正直，并不会成就任何事。但是缺了诚信与正直，每件事都会出问题。因此，在这方面的短处是一个一票否决的因素，而不用去考虑它是不是绩效能力和长处的限制因素。

　　4.卓有成效的管理者知道，要想发挥一个人的长处，就必须容忍其短处。

■ 历史上那些伟大的指挥官，几乎都是很自我、自负、自恋的人。（不过，反过来并不成立：有很多将军对自己的伟大深信不疑，但他们并没有作为伟大的指挥官载入史册。）同样，如果不是从骨子里就想当总统或总理的从政者，不太可能成为青史留名的政治家。他最多只能是一个有用的（尽管可能是用处很大的）老练的政客。要想成为更伟大的人，他必须自视甚高，以天下为己任，相信这个世界（或者至少是这个国家）完全离不开他，需要他执掌权柄。（同样，反过来并不成立。）如果需要的是在危急关头的指挥能力，就必须接受英国首相迪斯雷利（Disraeli）或美国总统富兰克林·D.罗斯福那样的人，不要太在意他们缺乏谦逊。的确，仆人眼里无伟人。但是真正可笑的是那个仆人。因为仆人在伟人身上看到的那些特征，对伟人在历史舞台上所承担的大任来说，是无足轻重的。

　　因此，卓有成效的管理者会问："这个人在**某个**主要领域有长处吗？这一长处是否与任务相关？如果他在这一领域有卓越表现的话，是否会产生重大影响？"如果答案是肯定的，就会任命这个人。

　　卓有成效的管理者很少会有这样的错觉，认为两个平庸者的成就加在一起，会相当于一个优秀者的成就。经验已经告诉他们，通常情况下，两个平庸者合作取得的成就甚至少于一个平庸者的成就——两人会互相妨碍。他们还知道，产生绩效的是特定的能力。他们知道没有"牛人"，只有在某项任务上很"牛"的人。因此在这项任务上，他们利用其长处，安排其承担这项任务，以取得卓越绩效。

这也意味着他们在人事决策上聚焦于机会，而不是问题。

他们尤其不能容忍这种说法："我离不开这个人，没有他就会出问题。"经验告诉他们，如果出现"不可或缺的人"，只有三种解释：第一，这个人实际上很无能，只有小心翼翼地躲避外部需求，才能生存下来；第二，这个人的上司很无能，只有靠发挥这个人的长处才能生存下来；第三，实际上存在很严重的问题，但是这个人的一技之长起了些作用，能够掩盖问题，至少是暂时延缓了问题的爆发。

不管是哪一种情况，"不可或缺的人"都应该被坚决调离，而且要尽快。否则，即使他真的拥有某些长处，也会被毁掉的。

■ 第 3 章中提到的那家大型零售连锁商的首席执行官，采用了非常规的方法来培养经理人。此外，他还决定自动调离那些被上司称为不可或缺的人。他说："这要么意味着那个上司不行，要么意味着那个下属不行，要么两个都不行。不管是哪种情况，我们越早发现越好。"

总而言之，必须有一条牢不可破的规则，即提拔那些其过去的绩效证明最能胜任所要填补的那个职位的人。所有与之相反的论点，比如"他在现在的职位上是不可或缺的"，或者"他不会被那里的人接受"，或者"他太年轻了"，或者"我们从来没有把一个没有实际经验的人放在那个职位上"，都应该被忽略掉。一个职位需要最好的人，而且取得出色绩效的人值得被安排到更高的职位上去。让优秀的人去把握机会，而非解决问题，不仅能让组织有效，而且能让个人充满热情和奉献精神。

反之，对于那些始终不能取得优异成绩的人，尤其是经理人，应该像秋风扫落叶一样无情地清理掉。让这样的人混日子会腐蚀其他人。这对整个组织非常不公平。这对他的下属非常不公平，他们的上司的无能剥夺了他们获得成就和认可的机会。最重要的是，这对他本人来说也不公平，实际上是残忍的行为。他其实知道自己不能胜任，即使他不会承认这一点。确实，根据我的观察，一个人如果不能胜任自己的工作，天长日久，工作压力会毁了他，他其实一直在默默祈祷得到解脱。日本的"终身雇用制"和西方的各种公务员制度都不会因为一个人不胜任而解雇他，这其实是这些制度的一个大缺陷——而且是不必要的缺陷。

■ 二战期间，马歇尔将军坚持认为，如果一名将官的表现不够杰出，那就应该立即解职。他认为，军队和国家对该军官麾下的士兵负有责任，因此不能让该人继续指挥。马歇尔断然拒绝听从这样的说法："但我们没有替代者。"他指出："关键在于这个人不能胜任。他的替代者从哪里来是下一个问题。"

但马歇尔也坚持认为，解除一个人的指挥权与其说是对这个人的判断，不如说是对任命他的指挥官的判断。"我们唯一知道的是，这个位置对这个人来说是个错误。"他说道，"但这并不意味着他不是其他职位的理想人选。任命他是我的错误，现在该由我来决定他能做什么。"

总的来说，马歇尔将军是用人之长的好榜样。他在 20 世纪 30 年代中期首次担任重要职位，当时，美国陆军中可以担任总指挥官的将领都已经过了退休年龄。（马歇尔在 1939 年 9 月 1 日被任命为总参谋长，而再过 4 个月，他就该退休了。他的 60 岁生日是 1939 年 12 月 31 日。）二战的未来将军们在马歇尔开始挑选和训练他们的时候，还都是初级军官，本来没有太多晋升的希望。艾森豪威尔（Eisenhower）是其中年龄较大的一位，但在 30 年代中期，还只是一名少校。然而，到 1942 年，马歇尔已经培养出美国历史上数量最多、能力最强的一批将官。其中几乎没有失败者，就算是二流人物也不多。

这是军事史上最伟大的教育成就之一，是由一个缺乏所谓的"领导力特质"的人完成的。这些特质包括个人魅力，或者超人的自信心，它们是蒙哥马利（Montgomery）、戴高乐（de Gaulle）或麦克阿瑟（MacArthur）所具有的。马歇尔所拥有的是一些原则。"这个人能做什么？"这是他一直在问的问题。如果一个人能够做一些事情，他不能做什么就是次要的。

■ 例如，马歇尔多次维护乔治·巴顿（George Patton），使得这位野心勃勃、虚荣自负但是在战争时期发挥了巨大作用的战时指挥官，没有因为缺乏优秀的参谋官以及和平时期的优秀军人应该具有的那些品质而受到惩罚。然而，实际上，马歇尔本人并不喜欢巴顿的个人风格。

只有当短处限制了一个人的长处得到充分发挥时，马歇尔才会关注短处。他会通过分配有针对性的工作、提供相应的职业机会来帮助其克服这些短处。

■ 例如，20世纪30年代中期，马歇尔特意安排年轻的艾森豪威尔少校做战争规划工作，以帮助艾森豪威尔获得他明显欠缺的一种能力：对战略的系统理解。当然，艾森豪威尔并没有因此而成为一名战略家。但是，他因此获得了对战略的尊重，理解了战略的重要性，这消除了一个限制他发挥其长处（打造团队和战术规划）的因素。

马歇尔总是任命最合格的人，无论这个人原来的职位是多么需要这个人。如果有人（通常来自高层）恳求他不要调走一个"不可或缺的人"，他这样回答："为了这个新职位，我们该这么做。为了这个人的发展，我们该这么做。为了部门，我们该这么做。"

■ 不过，唯有一次例外：罗斯福总统恳求说，马歇尔对他来说是不可或缺的人。马歇尔让步了，把自己留在了华盛顿，而把欧洲战事的最高指挥权让给了艾森豪威尔，尽管这让马歇尔放弃了自己一生的梦想。

最后，马歇尔知道（每个人都需要从他那里学到这一课）：每一个人事决策都是一次赌博。但是，基于一个人能够做什么来做这样的决策，至少变成了一次理性的赌博。

上司对他人的工作负有责任，他也有权决定他人的职业发展。因此，用人之长不仅仅是卓有成效的一个必要条件，它还是一种道义上的要求，是随权力和地位而来的一种责任。聚焦于短处不仅愚蠢，而且不负责任。一个上司对他的组织负有责任，要尽可能调动每个下属的长处。但是，他更对他的下属负有责任，要帮助他们最大限度地发挥长处。组织是通过帮助个体发挥长处而取得成就的，尽管个体面对种种限制，具备很多短处。

这一点正变得越来越重要，甚至是至关重要。仅仅在短短一代人之前，知识工作者的数量很少，范围不广。要想成为德国或北欧国家政府的公务员，就必须拥有法律学位。一个数学家没有资格申请。另外，一个年轻人如果想靠知识谋生，只有少数几个领域可以选择。今天，知识工作的种类之多和知识工作者的就业选择范围之广都令人目不暇接。在 1900 年左右，把知识用于实际工作的领域仍然只是那些传统的专门职业——法律、医学、教学和传教。现在却有实打实的数以百计的不同学科。而且，几乎每一个知识领域都在组织中（当然，主要是企业和政府）派上了用场。

因此，一方面，人们今天可以尝试找到最适合自己能力的知识领域和工作类型。人们不再需要像不久以前那样，让自己适应少数仅有的知识领域和工作岗位。另一方面，年轻人越来越难以做出选择。他拥有的信息不够多，无论对自己还是对职业机会都所知不多。

因此，通过用人之长来引领一个人，对这个人来说更为重要。因此，组织的管理者聚焦于长处，充分发挥自己的团队和下属之长，这对组织来说也很重要。

因此，在知识工作的世界里，用下属之长不仅对管理者自身的卓有成效至关重要，对组织的卓有成效也是如此，而且对组织中的个体乃至整个社会都同样重要。

## 用上司之长

在管理上司上，卓有成效的管理者也首先努力发挥上司的长处。

我遇到的每一个经理人（无论是在企业、政府还是在任何其他机构中）都这样说："我管理下属倒没有什么大问题。但是，我该如何管理我的上司呢？"这实际上非常容易，但只有卓有成效的管理者才懂得这一点。秘诀在于，卓有成效的管理者用上司之长。

■ 这应该是基本的职场生存之道。跟流行的观点相反，一般来说，下属不会因为上司无能而被提拔上去。如果上司升不上去，下属往往会遭遇职场瓶颈。如果上司因为不称职或干砸了被解职，很少由下属继任，即使下属很年轻、能干。继任者通常空降而来，而且会带来自己的年轻、能干的下属。实际上，对下属成功最有利的就是拥有一个干得好、升得快的上司。

但是，用上司之长不仅是为了职场求生，更是下属自己取得卓有成效的关键。它使他能够聚焦于自己的贡献，使其贡献被上司接受并运用。它使他能够在自己热爱的事情上取得成就。

用上司之长不能通过拍马屁进行。用上司之长始于发现该做的正确的事情是什么，并以上司可以接受的形式和他沟通。

卓有成效的管理者知道上司是人（很多聪明的年轻下属却不懂得这一点）。上司是人，就有他的长处，以及种种局限性。发挥长处，就是使得他能做好他能够做的事，可以让他卓有成效——也会让下属卓有成效。试图靠他的短处来成事，就像试图靠下属的短处来成事一样，只能让人灰心丧气、一事无成。因此，卓有成效的管理者会问："我的上司可以做得非常好的是什么？""他已经做得非常好的是什么？""为了发挥他的长处，他需要知道什么？""为了创造绩效，他需要从我这里得到什么？"至于上司没有能力做什么，他不会考虑太多。

■ 下属通常希望"改变"上司。能干的资深公务员常常把自己看作是新来的领导的导师。他想要让上司克服其局限性。卓有成效之士则会问："新上司能够做什么？"如果答案是"他擅长与国会、白宫和公众搞好关系"，那么这位公务员就努力使他的上司能够运用这些能力。因为即使能干的官员制定了合理的政策，也需要有政治技巧来传递给外界，不然也是徒劳无功。一旦新来的领导感受到了这位公务员的助力，就会在政策制定和行政管理方面听取其意见。

卓有成效的管理者也知道，上司是人，有自己的工作方式。他去发现这些方式。这些方式也许只是一些态度和习惯，但肯定存在。

在我看来，人分为两种，"阅读型"和"倾听型"。（极少数人例外，他们是"谈话型"的，通过谈话获得信息，同时观察其谈话对象，通过心灵感应来了解对方的反应，富兰克林·罗斯福总统和林登·约翰逊（Lyndon Johnson）总统都属于这一类，显然温斯顿·丘吉尔也属于这一类。）既是读者又是听众的人（出庭律师通常必须是这种人）也是例外。一般来说，与阅读型的人交谈是在浪费时间。在没有读到相关内容之前，他听不进去。向倾听型的人提交大量报告同样是浪费时间。只有别人讲给他听，他才能掌握报告的内容。

有些人需要读一页纸的总结。（艾森豪威尔总统就需要这样然后才能采取行动。）其他人则需要了解提建议的人的思考过程，因此如果报告不详尽的话，所提的建议就没有意义。有些上司希望任何事都要有精确的数字，想要看 60 页这样的报告。有些上司希望在项目的早期阶段就听取汇报，为自己的最终决策做好准备。其他人则在一个项目"成熟"之前，压根就不想听到一个字。

想清楚上司的长处是什么，并且用其所长，下属为此所做的调整总是会影响到下属"如何做"，而不是"做什么"。比如，下属要汇报的事情很多，就需要考虑按什么顺序来汇报，而不能只考虑内容的重要性和正确性。如果上司的长处在于政治能力，而且在其职位上，政治能力确实很重要，那么下属就应该首先汇报一件事的政治方面的情况。这使得上司能够迅速把握问题的关键，发挥自己的长处。

我们所有人在看其他人的时候都是"专家"，我们看他们反而比他们自己看自己看得更清楚。因此，让上司卓有成效，通常比较容易。但是，这要求聚焦于他的长处和他能做的事情。这需要依赖长处来成事，并使短处变得无关紧要。用上司之长是让管理者变得卓有成效的少数关键之一。

## 用自己之长

卓有成效的管理者在他们自己的工作中，也是从长处出发。他们善用自己之长。

我认识的大多数政府、医院和企业的管理者，都知道他们不能做什么。他们非常清楚地知道上司不让他们做什么，公司政策不让他们做什么，政府不让他们做什么。结果就是，他们整天抱怨那些自己无能为力的事情，从而浪费了自己的时间和长处。

卓有成效的管理者当然也会关注自己的局限性。但是，他们找到的可以做、值得做的事情却多得令人吃惊。其他人在抱怨自己不能做什么，而卓有成效的管理者却挺身而出在做事情。结果就是，那些貌似限制他们同侪做事情的枷锁，却在他们面前逐渐消失了。

■ 有一家大型铁路公司，其高管团队中的每个人都知道，政府不会让该公司做任何事情。但新来了一位财务副总裁，他还没有吸取这个"教训"。相反，他去了首都华盛顿，拜访了州际商业委员会（Interstate Commerce Commission），要求允许他做几件相当激进的事情。委员会答复说："你问

的大多数事情，我们根本就不在意。剩下的少数事情，你
必须尝试和测试一下，如果可行，我们很愿意批准。"

如果你听到有人说"别人不会让我做任何事"，基本上可以断定
是惰性在背后作祟。即使确实有情境的限制（我们每个人都生活和工
作在情境的严格限制下），一般来说，也有重要的、有意义的、要紧的
事可以做。卓有成效的管理者寻找这些事。如果他一开始就提问"我
可以做什么？"，那么几乎可以肯定，他会发现实际上可以做的事情是
如此之多，甚至超出了他的时间和资源所允许的范围。

在自己的能力和工作习惯方面，用己之长同样重要。

要知道我们是**如何**取得成果的，这并非难事。一个成年人会清楚
地知道自己是在早上工作还是在晚上工作会更好。一个人通常知道，
自己最擅长的写作方式是快速写，打很多遍草稿，还是一丝不苟地写
好每一句话，直到写对为止。一个人知道，自己要做好公开演讲，是
需要事先写稿还是即兴演讲，是用道具还是不用。一个人知道，自己
是跟其他人一起工作得更好，还是一个人工作得更好。

有些人如果面前有一份详细的提纲会工作得更好，也就是说，在
开始工作之前已经进行了深入思考。其他人在工作开始时则最多有
些粗略的笔记。有些人在压力下工作效果最好。其他人则需要时间充
足，期限不能太紧。有些人是"阅读型"，有些人是"倾听型"。每个
人都了解自己在这些方面的情况，就像每个人都知道自己是右撇子还
是左撇子一样。

有人会说，这些都是表面现象。这样看不一定是正确的——这些

特征和习惯中有很多反映了一个人的基本的性格，如他对世界的感知，对身处这个世界当中的自己的感知。但即使是表面现象，这些工作习惯也是卓有成效的源泉。而且，它们中的大多数与任何类型的工作都是相容的。卓有成效的管理者知道这一点，而且在工作中利用这些。

总而言之，卓有成效的管理者会努力做自己，他不会假装成别人。他审视自己的绩效和成果，试图找出一种模式。"有哪些事情，"他问道，"我似乎能够相对轻松地完成，而对其他人来说却相当困难？"例如，有一个人觉得写总结报告很容易，而其他许多人却觉得这是一件可怕的苦差事。然而，与此同时，他发现进行深思并做出艰难的决策却是相当困难、缺乏成就感的事情。换句话说，他作为一个思考者（负责收集和提出问题）比作为一个决策者（承担指挥责任）更卓有成效。

有人知道自己如果从头到尾独自完成一个项目会做得很好。有人知道自己一般来说擅长谈判，特别是容易让人激动的谈判，如工会合同的谈判。但与此同时，他也知道自己通常能否准确预测工会的要求。

大多数人在谈论长处或短处时，想到的并不是这些东西。他们通常想到的是学科知识或者艺术天赋。但性格也是决定成就的一个因素，而且是一个主要因素。一个成年人通常对自己的性格有相当多的了解。为了做到卓有成效，他在自己能做的事情的基础上发展自己，并且以他擅长的方式来做。

与本书迄今为止所讨论的其他一切不同，用人之长不仅是一项实践，也是一种态度。但它可以通过实践得到改善。如果一个人修炼自己，就自己的同事、下属和上司，问："这个人可以做什么？"而不是："他不能做什么？"他很快就会有寻找长处并用人之长的态度。最终，他将学会对自己提出这个问题。

在组织需要做到卓有成效的每一个领域，**我们都要养大机会，饿死问题**。这一点在人的问题上最为重要。卓有成效的管理者把包括自己在内的人看作是机会。他知道，只有长处才能产生成果。短处只会让人头疼——即使消除了短处，也没有任何成果产生。

而且，他还知道，任何人类群体的标准都是由领导者的绩效决定的。因此，领导者的绩效必须以真正的长处为基础。

■ 在体育界，我们早就知道，当一个新的纪录被创造出来的时候，全世界的每个运动员都会获得一个新的成就标杆。多年来，没有人能够在 4 分钟内跑完 1 英里<sup>⊖</sup>。突然间，罗杰·班尼斯特（Roger Bannister）打破了旧纪录。很快，世界上每个体育俱乐部的短跑选手都越来越接近这个纪录，而新的领跑者则开始突破 4 分钟的难关。

在人类事务中，领导者与普通人之间的距离是一个常数。如果领导者的绩效高，普通人的绩效就会上升。卓有成效的管理者知道，提高一个领导者的绩效比提高整个团队的绩效更容易。因此，他要确保

---

⊖  1 英里 =1609.344 米。

将具备做出突出贡献的长处且能带动整个团队的步伐的人，放到领导岗位上，放到制定标准、创造绩效的岗位上。这就要求聚焦于一个人的长处，而将短处视为无关紧要，除非它们阻碍了现有长处的充分发挥。

管理者的任务不是要改变人。相反，正如《圣经》中关于才干的寓言⊖告诉我们的那样，管理者的任务是通过利用个体身上的长处、活力和抱负，来成倍放大集体的绩效能力。

---

⊖　出自《圣经》中的《马太福音》，该寓言即著名的"马太效应"一词的出处。——译者注

第 5 章

# 要事第一

如果说卓有成效有唯一"秘诀"的话，那就是聚焦。卓有成效的管理者把要事放在第一位，而且一次只做一件事。

之所以需要聚焦，既是因为管理者工作的本质，也是因为人的本质。其中有几个原因是显而易见的。原因之一是，<sup>⊖</sup>管理者应该做出的重要贡献太多，而时间总是不够。对管理者贡献的研究发现该做的重要任务实在是太多了，而对管理者时间的研究则发现，管理者真正用在有所贡献的工作上的时间又实在是太少了。一个管理者把自己的时间管理得再好，大部分时间仍然不是自己可以掌控的。因此，时间不足这个问题始终存在。

原因之二是，一个管理者越是聚焦于向上的贡献，就越是需要完整的大块时间。他不再只是一味埋头苦干，而是想要真正取得成果，那就要在某些领域做出持久的努力，这些努力需要花费大量的时间才能开花结果。然而，管理者要想拥有少至半天、多达两周这样的时间的话，必须自律，要有对他人说"不"的决心。

原因之三是，与上一个原因相似，管理者越是努力用人之长，就越会意识到，他需要把所有人的长处聚焦在重大的机会上。这是取得成果的唯一途径。

原因之四是，聚焦也是这样一个事实的要求：对大多数人来说，即使一次做好一件事都很难，更不用说做两件事了。人类确实多才多艺，堪称一种"多用途工具"。但是，把人类的范围广泛的创造力用

---

⊖　这里的"原因之一是"（以及下文的"原因之二是""原因之三是""原因之四是"）为原文所无，译者所加，是为了更好地帮助读者理解德鲁克所表述的逻辑关系。这四个原因中的前三个属于德鲁克所说的"管理者工作的本质"方面的原因，第四个则属于"人的本质"方面的原因。——译者注

起来的方法，是将大量的个体能力集中在一项任务上。这就是把所有才能用于一项成就的聚焦。

■ 我们认为同时把许多球抛到空中只是马戏团的节目，这是对的。然而，即使是马戏团的杂耍演员，也只能做上 10 分钟左右。超过这个时间，球就会纷纷落地。

当然，每个人情况不一样。有些人在同时进行两项任务时，因为工作节奏产生了变化，效果反而最好。然而，这样做的前提是，他们要在两项任务上都花上足够的时间。我认为，很少有人能同时把三项主要任务做得很出色。

■ 莫扎特是个例外。他似乎可以同时创作多部作品，而且都是杰作。但他是为人所知的唯一例外。其他多产的一流作曲家，例如巴赫（Bach）、亨德尔（Handel）、海顿（Haydn）或威尔第（Verdi），都是一次创作一部作品。他们在完成一部作品之前不会开始下一部，或者，他们在暂停一部作品并把它丢进抽屉之前，不会开始下一部作品。几乎没有人是"管理者中的莫扎特"。

聚焦之所以必要，正是因为管理者面临太多的任务，都需要及时完成。一次只做一件事，意味着可以快速完成这件事。一个人能够集中的时间、精力和资源越多，他能完成的任务的数量就越多，种类也越多。

■ 一家制药公司的负责人最近退休了，他取得的成就，高于我所认识的任何一家企业的首席执行官的成就。他接手担任该公司的首席执行官时，该公司规模很小，只在一个国家开展经营活动。经过 11 年的发展，到他退休时，该公司已经成为全球领先企业。

最初几年，这位先生把全部工作时间都花在研发上，包括确定研发方向、研发项目和研发人员。之前，该公司在药品研发上从来不是领先者，即使作为追随者也是落后的。这位新任首席执行官不是科学家，但他知道，该公司现在只是在模仿领先企业 5 年前的技术，这样的模仿最多只能再持续 5 年。他知道该公司必须确定自己的发展方向。结果，不到 5 年，该公司在两个重要的新领域成了领先者。

接下来的几年，这位首席执行官开始将自己的公司打造成国际化公司。这时，瑞士老牌制药企业在世界各地确立领先地位已经多年了。他仔细分析药品消费需求后得出结论：主要是医疗保险和政府卫生服务在推动当下的药品需求。他决定，在该公司从未涉足的国家中，一旦有国家大规模扩张其卫生服务，该公司就开始打入这个国家的市场。结果，他的公司在这些国家开始取得了重大发展，而且不必从那些根基牢固的国际药品公司那里抢夺市场。

在他任期的最后 5 年，他聚焦于针对现代医疗保健的性质，制定合适的战略。医疗保健正迅速成为一种"公共事业"，由政府、非营利性医院和半公共机构（如美国的蓝十

字会）等买单，而由个人和医生做出实际购买的决策。他的
战略是否会成功，现在说还为时过早——他的战略在 1965
年才得到完善，之后很快他就退休了。但据我所知，在主
要的制药企业中，他的公司是在全球范围内同时考虑过战
略、定价、营销和行业关系这些问题的唯一一家。

任何一位首席执行官在其整个任期内只要完成一项体
量如此巨大的任务，都是非比寻常的成就。然而，这位先
生完成了三项，同时还建立了一家兵强马壮的世界性组织。
他做到了这一点，是因为一次只一心一意地聚焦于一件事。

这就是那些能"做很多事"（而且显然是很多困难的事）的人士的
"秘诀"。他们一次只做一件事。他们最终花的时间反而比其他人少
得多。

■ 那些一事无成的人，往往工作起来更加卖力。首先，他们
低估了任何一项任务所需要的时间。他们总是期望一切都
会顺利进行。然而，正如每个管理者都知道的那样，没有
什么事总是顺利进行的。意料之外的事总是发生——实际
上，人们唯一可以自信地期待的事，就是意外，而且基本
上不会是让人高兴的意外。因此，卓有成效的管理者会在
实际需要的时间之外留出一定的余地。其次，一个典型的
（也就是不那么卓有成效的）管理者试图赶时间，而这只会
让他更加落后。卓有成效的管理者不会拼命赶时间。他们

步伐不快，但是稳步前进。最后，一个典型的管理者试图同时做几件事。因此，对于每个项目中所需完成的每项任务，他始终没有安排出所需的最低限度的时间去完成它，而其中任何一项任务如果遇到麻烦，整个项目也就会随之泡汤。

卓有成效的管理者知道，他们要干很多事，而且要干好。因此，他们聚焦。他们把自己的时间和精力以及组织的时间和精力集中起来，一次做一件事，而且把要事放在第一位。

## 摆脱过去

管理者聚焦的第一条规则，是停止今天已经不再有成效的活动。卓有成效的管理者会定期评估自己和下属的工作计划，问这样一个问题："如果**之前**我们没有做这项活动，**现在**会去做吗？"如果不是斩钉截铁地回答"会"，他们就放弃或大幅缩减这项活动。至少，他们确保不把更多的资源投入到遗留下来的不再有产出的活动中。他们立即把优质的资源（尤其是稀缺的人力资源）从昨天的这些任务中抽出来，投入到明天的机会上。

无论管理者喜欢与否，他们总是在挽救过去。这难以避免，因为今天是昨天的行动和决策带来的。可是，无论一个人头衔或级别多高，他也无法预知未来；他在昨天的行动无论多么勇敢，他在昨天的决策无论多么明智，到了今天，都难以避免会变成问题、危机和蠢事。然而，管理者的特定工作，无论他是为政府、企业还是其他机构工作，就是将今天的资源用于未来。这意味着管理者不得不一直花费时间、精力和智慧，来弥补或者挽救昨天的行动和决策。这些行动和决策，可能来自他本人，也可能来自前任。事实上，他在一天中花在这上面的时间超过在其他任何事情上花的时间。

但是，管理者至少应该砍掉那些只是遗留下来、不再产生收益的活动和任务，通过这样做使得自己对昨天的关注最小化。

彻头彻尾的失败倒是容易被摆脱，因为失败的事情会自我清盘。然而，昨日的成功即使不再辉煌了，其阴影也迟迟不会消失。还有一种更加危险的情形，就是本该成功的活动因为种种原因却没有成功。正如我在其他著作中解释过的，这些活动往往变成了"对经理人自尊心的投资"，从而变得神圣不可侵犯。<sup>○</sup>然而，除非砍掉——而且是大刀阔斧地砍掉——这些活动，否则它们就会耗尽组织的命脉。往往最能干的人会徒劳无功地在某个"一定会成功"的项目上白白浪费自己的才能，其实只是因为这个项目变成了对自己自尊心的投资罢了。

■ 这两种管理病，<sup>○</sup>尽管每个组织都很容易染上，但在政府机构中特别流行。尽管政府机构的种种项目和活动的老化速度与其他机构的项目和活动一样快，然而在政府机构中，这些项目和活动从设想之日起就被认为是要"永生"的，而且通过公务员制度嵌入组织结构中，这样使得它们一出

---

○ 参见《为成果而管理》一书。
○ 第一种：不能摆脱昨日的成功。第二种：不能摆脱"对经理人自尊心的投资"。——译者注

现就成为某些人的既得利益，并在立法机构中拥有自己的代言人。

在 1914 年之前，美国政府机构规模还不大，在社会生活中发挥的作用也较小，这还不算什么大问题。到了今天，如果政府机构将其精力和资源主要用到昨天的项目和活动中，那就太危险了。然而现实好像正是如此。根据粗略估计，联邦政府至少有一半机构要么是在监管不再需要监管的东西（例如州际商业委员会的主要工作仍然是保护公众免受铁路垄断的影响，而铁路垄断早在 30 年前就绝迹了），要么致力于"一定会成功"但从未取得成果的活动，就像大部分农业项目变成了对政客的自尊心的投资。

对于有效的行政管理，我们迫切需要一个新法则。这个新法则就是：政府的每个行动、每个机构和每个项目从规划之日起就是临时性的，并且在固定年限（比如 10 年）之后自动失效，除非在对该项目的结果和贡献进行详尽的外部评估之后，通过新的立法予以延长。⊖

在 1965 ～ 1966 年间，约翰逊总统就下令对所有政府机构及其项目进行这样的评估，使用的方法是麦克纳马拉部长制定的"项目评估"制度（当初是为了清除国防部的过时的无益工作而制定的）。这是很好的第一步，也是非常必要的。但是，只要我们保持传统的假设（即所有的项目都

---

⊖ 美国政府后来制定了类似的法则，被称为"日落法"。——译者注

会永久存在，除非证明它们已经失去了作用），这样的评估的成果就不会太大。我们的假设应该是，所有的项目都会很快失去作用，除非被另行证明是富有成效和必不可少的，否则就应该被废除。否则，现代政府不断地增加种种规章制度，不仅会让社会喘不过气来，最终也会因为自己的臃肿而窒息。

组织肥胖症对政府机构的威胁特别大，其他组织也不能幸免。大企业的高管可能在抱怨政府部门的官僚主义的同时，自己做着同样的事情：比如要求加强"管控"，而其实什么都没有管控住；比如要求做大量调查研究，其实自己只是不愿面对决策；比如为这些调查研究或各种"关系"建立庞大团队；比如把自己和主要下属的时间浪费在昨天的过时产品上，而"饿死"明天的成功产品。大学里的学者可能在严厉批评大企业的浪费行为的同时，自己也在做同样的事情：比如在教师会议上拼命力争，要把一个过时的学科列为必修课，使得该学科可以苟延残喘。

一个管理者想要自己变得卓有成效，想要组织变得卓有成效，必须监控所有的项目、所有的活动、所有的任务。他总是问："这件事还值得做吗？"如果不值得，他就把它砍掉，从而能够聚焦于少数任务。这些任务如果出色完成的话，将真正改变个人成果和组织绩效。

最重要的是，卓有成效的管理者会在开始一项新活动之前，砍掉一项旧活动。这对控制好组织规模十分必要。没有规模控制，组织很快就会变形，失去凝聚力，变得难以管理。社会组织和生物有机体一样，需要保持精干和强壮。

而经验告诉每个管理者，新生事物总会遇到困难。因此，一项新任务除非预先设定好挽救自己的方式，否则从一开始就注定失败。唯一有效挽救新任务的方式，就是使用已经通过绩效证明了自己的那些人。当然，这些人总是已经在超负荷运转。除非减轻现有的负担，否则他们无法承担新任务。

引进新人来承担新任务是冒险的做法。可以引进新人来扩大已经走上正轨并顺利运行的业务。但是，开展新业务需要用其能力已经久经考验的人，也就是老手。每一项新任务都是一次赌博（尽管其他公司可能已经干过很多次），一个富有经验、卓有成效的管理者不会再引进一个外人来负责新任务，那会是赌上加赌。他已经有过这样的教训：许多别的公司的所谓天才，在这里工作半年后却遭遇悲惨的失败。

> ■ 一个组织需要经常引进有新观点的新人。如果它只从内部提拔，很快就会变成"近亲繁殖"，最终"不育"。但是，如果可能的话，我们不要把新人安排在风险巨大的职位上，也就是说，不要把他们安排在最高管理职位或重要的新活动的领导层。我们要把他们安排在高层以下的职位，承担已经被界定清楚且他们也充分理解的活动。

产生新事物的唯一方法是系统地清除旧事物。我所接触过的任何组织，都不缺乏创意。"创造力"不是我们的问题。但是，很少有组织能在自己的好创意上有所作为，因为大家在忙于昨天的任务。定期评估所有项目和活动，淘汰其中不能证明其生产力的，这对激发创造力有奇效，即使是在最僵化的官僚机构中也是如此。

■ 杜邦公司一直都比世界上其他大型化学公司发展得更好，主要是因为它在一个产品或流程开始衰败**之前**就放弃了该产品或流程。杜邦公司不会将稀缺的人力和财力资源投入到捍卫昨天的工作中。然而，在化工行业内外，大多数其他企业依据的却是这样的原则："老工厂只要高效率运营，就永远有市场。"或者："我们靠这个产品起家，所以有义务一直为它寻找市场。"

　　这些公司一边将其管理者送去参加关于创造力的培训班，一边抱怨没有新产品。这两件事杜邦公司都没有做，因为它忙于制造和销售新产品。

　　除旧以迎新是普遍存在的需求。比如，可以合理地推测，如果1825 年左右就存在交通部这样的政府部门的话，那么我们今天还会用公共马车，当然已经国有化了，依靠政府提供巨额补贴，而且还会有一个奇妙的研究项目，叫作"马匹重新培训"。

## 优先与劣后

　　我们没有足够的时间去做每一项对明天有益的任务，也没有足够的人才去抓住所有的机会，更不用说还需要时间和人才去处理总会出现的问题和危机。

因此，必须做出决策：哪些任务值得优先考虑，而哪些任务不太重要。做这个决策的关键在于是谁在做决策——是管理者在做决策，还是压力在做决策？如果管理者只是根据已有的空余时间来安排任务，基于已有的可用人才来捕捉机会，那其实就是压力在做决策。

如果是压力代替了管理者在做决策，那么可以预见，重要的任务会受到伤害。在这种情况下，往往没有时间将决策转化为行动，而这是任何一项任务中最耗时的环节。一项任务只有成为组织的行动和行为的一部分，才算最终完成。差不多可以这样说，除非组织中人人都能以某一任务为己任，除非人人都接受了以新方式来做已有工作（或者认可必须做新工作），除非人人都能将管理者"已完成"的项目转化为他们的日常工作，否则任何任务都不算最终完成。如果因为没有时间就忽略这些，那么之前所有的工作和努力就都白费了。如果管理者不能聚焦，不能设定事项的优先级，就不可避免会导致那样的后果。

如果根据压力来确定事项的优先级，可以预见还有另一个后果：高层管理者的工作根本无法完成。因为他们的工作不该是解决来自昨天的危机，而是创造不同的明天，而眼前的压力总是迫使高层管理者去解决来自昨天的危机，而觉得创造明天这样的工作可以拖一拖。特别需要指出的是，高层团队一旦被压力牵着鼻子走，就会忽视只能自己做、别人做不了的工作，也就是向外看。它注意不到组织外部发生的情况。因此它将和外部脱节，而唯一产生成果的地方在外部。压力总是迫使管理者更重视内部而非外部，更重视已经发生的而非未来，更重视危机而非机会，更重视眼前的、显眼的事物而非真正的现实，更重视紧急之事而非紧要之事。

然而，真正要做的不是设定优先事项。这很容易，每个人都能做。难的是设定"劣后"事项——即决定哪些任务不去做——并坚决实施。这才是很少有管理者能做到聚焦的原因。

经验告诉大多数管理者，推迟的任务往往就被放弃了。对许多人来说，如果一个项目没有一开始就做，过了一段时间也不会想做。推迟到任何时间点，一般都是错的。设置正确的时间点对任何工作取得成功都很重要。如果是五年前就该做的事情，五年后再去做，肯定会遇到挫折和失败。

■ 只有维多利亚时期的小说才会编这样的故事：一对恋人在21岁时因故分手，各自结婚并丧偶，在38岁时重逢并结为连理，获得幸福人生。幸福人生应该是他们在21岁时就结为连理，得到一起成长的机会。如果过了17年，两个人都会变化，形成各自的处世方式。

又比如，一个想从医的年轻人被迫从商，现在50岁了，事业有成，又重温旧梦，进入医学院学习。他不太可能完成学业，更不可能成为一名成功的医生。除非他有超人的内在动力，例如有强烈的宗教动机要以行医来传教，他也许会成功。但大概率是他难以忍受医学专业的清规戒律和死记硬背，发现治病救人其实枯燥乏味。

再比如，六七年前看起来很合理的企业合并，却因为一

家公司的总裁不想因此成为二把手而不得不推迟。等到那
个固执的管理者最终退休时，这桩合并对任何一方来说都
不太可能还是合适的"联姻"。

因为管理者知道推迟一项任务就等于放弃，所以他们不愿意推迟
任何任务。他们知道某项任务不是优先事项，但又害怕将其设定为
"劣后"事项有风险。企业管理者担心，我现在不做这件事，但如果
竞争对手在这上面大获成功呢？政治机构的主管担心，我如果放过一
个问题，说不定它哪一天爆发为热门的、危险的政治话题。

- 例如，艾森豪威尔总统和肯尼迪总统都不想将民权问题设
  定为高度优先事项。而约翰逊总统上台后，就毫不犹豫地
  将越南问题以及整个外交事务设定为劣后事项。（这在很大
  程度上解释了自由派对他的强烈反对。他最初设定的优先
  事项——"向贫困宣战"，得到了自由派的拥护，但是现
  在形势发生了变化，他改变了自己的优先事项。）

把一项任务设定为劣后事项不是件愉快事，因为每一个劣后事项
都是其他某人的优先事项。更容易的事情是拟订一个优先事项清单，
但同时作为对冲，把清单之外的每件事情也做上"一丁点儿"。这样
做让每个人都高兴，而唯一的缺点则是一事无成。

对优先事项的分析，可以说上很多内容。然而，就设定优先和劣
后事项而言，最重要的不是智识上的分析，而是勇气。

下面是一些设定优先事项的真正重要的规则，其中起作用的主要不是分析，而是勇气：

- 选择未来，而非过去
- 聚焦于机会，而非问题
- 选择自己的方向，而非随大流
- 设定能够带来改变的、高远的目标，而非"安全"与容易的目标

许多研究发现，科学家的成就，至少在爱因斯坦（Einstein）、尼尔斯·玻尔（Niels Bohr）或马克斯·普朗克（Max Planck）这些天才之下的成就，与其说取决于他们的研究能力，不如说取决于他们追求机会的勇气。科学家如果选择那些更能快速成功而非挑战更大的研究项目的话，不太可能取得卓越的成就。他们可能会取得大量的鸡毛蒜皮的成果，但不太可能有新的物理学定律和概念以他们的名字命名。卓越成就将归于那些根据机会选择研究项目的科学家，对他们来说，其他标准会影响某个项目是否入围，但不会决定某个项目是否获选。

同样，在商业领域，成功的公司不是那些致力于在其已有产品线中开发新产品的，而是那些瞄准新技术或新业务进行创新的。一般来说，如果是做新的事情，做小事和做大事的风险性、艰巨性和不确定性其实差不多。转化机会比解决问题能带来更大的成果，因为解决问题最多只是恢复到之前的水平。

■ 优先与劣后事项必须根据现实进行调整。例如，没有一位美国总统能够在事态变化之下坚持不变自己的优先事项。

事实上，一个人完成某个优先事项之后，其他事项的优先
级通常会改变。

换句话说，卓有成效的管理者只全力以赴投入他现在聚焦的**一项**
任务。然后，他评估形势，选择当前最重要的下一项任务。

所谓聚焦，就是有这样的勇气：根据什么是真正重要的、第一位
的，自己做出关于时间和事件的决策。管理者只有聚焦，才有希望不
被时间和事件牵着鼻子走，而成为它们的主人。

第 6 章

# 决策过程的要素

THE EFFECTIVE EXECUTIVE

---

本章标题的英文为 The Elements of Decision-Making。中文的"决策"同时具有两个含义，分别对应英文的 Decision（静态的"决策"，即决策本身）与 Decision-making（动态的"做决策"）。如果把本章标题译为"决策的要素"，会无法体现原文的要点，所以译为"决策过程的要素"。本章和下一章的区别在于，本章的主题是"有效的决策过程"，而下一章的主题是"有效的决策本身"。——译者注

　　做决策只是管理者的多项任务之一，通常也占据他一小部分时间，但是，做决策是管理者**特有的**任务。因此，在讨论管理者的卓有成效的时候，做决策值得大书特书。

　　只有管理者才会做决策。实际上，一个人之所以被界定为管理者，就是他被期待——通过其职位或知识——做出对整个组织，尤其是对其绩效和结果有实质性影响的决策。

　　因此，卓有成效的管理者会做出卓有成效的决策。

　　他们做决策靠的是系统性的过程，具有明确定义的要素和清晰的步骤。但是该过程与今天许多书籍所描述的"决策"大相径庭。

　　卓有成效的管理者专注于重要的决策，所以不会做很多决策。他们尽力对战略决策和通则决策深思熟虑，而非"解决问题"。他们尽力基于最高层次的抽象理解做出少数重大决策。他们尽力在一个具体情境中发现常量，所以不会特别在意决策的速度。他们认为用尽心思在很多变量上做文章，貌似考虑全面，实则考虑不周。他们想要搞清楚这个决策的本质到底是什么，需要满足的现实条件到底有哪些。他们关心的是得到结果而非卖弄技巧，想要的是合理的决策而不是聪明的决策。

　　卓有成效的管理者知道何时必须基于原则做出决策，而何时应该具体情况具体分析。他们知道，最棘手的决策是在正确的妥协和错误的妥协之间进行选择，而经验也教会了他们区分两者。他们知道，在决策过程中最耗时的步骤不是做出决策本身，而是将其付诸实施。一个决策除非已经"化成工作的一部分"，否则就不是一个决策，最多只是一个美好的愿望而已。也就是说，虽然有效的决策本身是以最高层次的抽象理解为基础的，但执行决策的行动应尽可能贴近实际工作的层次，并尽可能简单。

## 关于决策过程的两个案例研究

在美国伟大的企业缔造者中，西奥多·韦尔（Theodore Vail）是最默默无闻的一位，但他也许是美国商业史上最有效的决策者。1910年之前不久，他成为贝尔电话系统公司（简称贝尔公司）的总裁，并担任这一职位直到 20 世纪 20 年代中期。这期间，韦尔将该组织打造成世界上最大的私营企业，它也是最为蓬勃增长的公司之一。

电话系统由私营企业经营，在美国被视为理所当然之事。但是，在世界上的发达地区中，只有在贝尔公司所服务的那部分北美大陆（包括美国和加拿大人口最多的两个省——魁北克省和安大略省），电信业务不归政府经营。尽管贝尔公司在这样一个重要地区拥有垄断地位，其原有市场已经达到饱和的程度，但它仍然在承担风险上一马当先，而且能够快速增长，这在经营公用事业的机构中是唯一一家。

贝尔公司取得成功，靠的不是运气，也不是"美国式的保守主义"，而是韦尔在近 20 年的时间里做出的四个战略决策。

韦尔很早就意识到，一家经营电话系统的公司必须做些与众不同的事情，才能保持所有权的私有和管理上的自主。全欧洲都是政府在经营电话业务，也没有看出来有什么麻烦或风险。想要通过防止政府接管贝尔公司来保持其私营性质，只能是拖延时间。此外，这样的防御行动将会让管理层失去想象力和活力，反而会自取灭亡。贝尔公司需要的是这样一个决策，既能使其维持私有，又能使其比任何政府机构更充分地维护公众利益。这就是韦尔早期的决策：贝尔公司的业务必须是预测和满足公众对服务的需求。

韦尔一掌管贝尔公司，就把"我们的业务就是服务"作为公司的承诺。在 20 世纪初，这简直就是离经叛道的说法。但韦尔并不只是嘴上说说。他不仅大力宣扬公司的业务就是提供服务，大力宣扬管理层的工作就是让服务发生并且让服务赚钱，而且确保对经理人及其部门的考核标准是服务做得如何，而不是赚了多少利润。经理人负责产生的成果是服务。最高管理层的工作则是为公司建立组织架构，提供资金支持，使之能提供最优的服务，并产生最佳的财务回报。

几乎与此同时，韦尔意识到一个在全国占据垄断地位的通信企业不可能是传统意义上的自由企业，即不受约束的私营企业。他认识到公共监管是避免贝尔公司被政府收入囊中的唯一备选项。因此，有效、正当、合乎原则的公共监管符合贝尔公司的利益，而且对于维护其私营企业身份至关重要。

在韦尔得出这一结论的时候，虽然美国也有公共监管，但是没有起到很大作用。来自企业的反对势力得到了法院的支持，使得颁布的公共监管法令难以落地。公共监管委员会本身也人手不足，资金短缺，而委员一职已经沦为三流政客（而且常常是腐败分子）的闲差。

韦尔为贝尔公司设定的目标是让监管变得有效起来。他把这个作为贝尔公司旗下每个地区性电话公司的负责人的主要任务。他们的工作就是使监管机构恢复活力，对监管的概念和话费定价的概念进行创新，使之既合理公平，保护公众，又能允许贝尔公司良好运营。贝尔公司的最高管理层成员是从旗下这些公司的总裁中挑选的，这确保了整个贝尔公司都对监管持有积极的态度。

韦尔的第三个决策，是建立贝尔实验室，它后来发展成产业界最成功的科学实验室之一。韦尔的出发点仍然是让一个私营垄断巨头生存发展。不过，这一次他问的问题是："如何才能使这样一家垄断企业真正具有竞争力？"显然，这家企业并不面对通常意义上的竞争，即另有一个供应商向购买者提供相同的产品，或者提供不同的产品，但是满足相同的需求。然而，如果没有竞争，这样一家垄断企业很快就会变得僵化，无法实现增长和变革。

韦尔得出的结论是：即使是在一家垄断企业里，也可以通过组织上的举措，让未来与当前进行竞争。在像通信这样的技术产业中，未来从新的不同技术中诞生。这个洞见带来的贝尔实验室绝非世界上第一家工业实验室，甚至也不是美国第一家。但它是第一家其目的就是淘汰当前的技术和产品的工业实验室，不管它们现在效率多高，利润多大。

贝尔实验室在一战期间最终成形，在当时是一项激动人心的产业创新。即使在今天，也很少有商人会明白，研发的作用就是充当"瓦解者"，创造一个不同的未来，也就是与今日为敌。在大多数工业实验室中占据主导地位的是"防御性研发"，目标只是让今日永生。

■ 过去的 10～15 年证明了韦尔的理念是多么明智。贝尔实验室首先拓展电话技术，使整个北美大陆都被同一个自动交换系统覆盖。然后，它把贝尔公司的业务范围拓展到韦尔那代人做梦也没有想到的领域，例如传送电视节目、传输计算机数据（这是过去几年发展最迅猛的通信领域），以及通信卫星。这些崭新的传输系统背后的科学和技术发展（不论是像数学信息论那样的科学理论，还是像晶体管那样的新产品和新工艺流程，抑或是计算机逻辑与设计），多数起源于贝尔实验室。

最后，韦尔在职业生涯即将结束的 20 世纪 20 年代初，发明了大众资本市场，再次确保贝尔公司可以作为一家私营企业生存下去。

■ 企业被政府接管，通常是因为它们无法吸引资本。1860 ～ 1920 年间欧洲的铁路公司被政府接管的主要原因，就是无法吸引所需的资本。英国煤矿和电力产业被国有化，重要的原因也是它们没有能力吸引产业升级所需的资本。在一战后的通胀时期，欧洲大陆电力产业被国有化，无法吸引资本是主要原因之一。那些电力公司无法提高电费以抵消货币贬值的影响，因而再也不能吸引所需的资本，用于自身的产业升级和扩张。

从历史记录中我们无从得知，韦尔对问题的认识有多全面。但他清楚地看到，贝尔公司需要大量、可靠、稳定的资金供应，而当时的资本市场无法满足。其他公用事业公司，尤其是电力公司，努力吸引投机客（20 世纪 20 年代资本市场唯一的大众参与者）购买它们的证券。这些公共事业公司建立了控股公司，发行母公司的普通股来吸引投机客，而运营业务的资金需求主要通过向保险公司等一些传统渠道发行债券来满足。韦尔意识到依靠这样的资本市场不是长久之计。

韦尔在 20 世纪 20 年代初为解决资金问题而发行的美国电话电报公司（AT&T）普通股，⊖除了法律形式外，与投机性股票没有任何相同之处。它是面向普通大众的证券，像"萨莉大婶"那样的新兴中产阶层，他们有点闲钱可以投资，但是没有足够资本来承担较大风险。韦尔的 AT&T 普通股的分红基本上得到了保证，非常接近面向寡妇和孤儿的有固定利息的债券。同时它又是一种普通股，具有资本增值和免受通胀威胁的潜力。

■ 实际上，在韦尔设计这个金融工具的时候，像萨莉大婶那样的投资者还不存在。有钱购买普通股的中产阶层，最近才出现。那时候的投资者仍然习惯于存钱、买保险或者抵押贷款。胆子大的就进入了 20 世纪 20 年代的投机性股票市场，而他们根本不该那么做。韦尔当然没有创造"萨莉大婶"这个群体，但是他把她们变成了投资者，把她们的储蓄变成了投资，既为她们赚钱，也对贝尔公司有利。在过去半个世纪，仅此一项就为贝尔公司募集了数千亿美元。一直以来，AT&T 普通股都是美国和加拿大中产阶层投资规划的主要组成部分。

---

⊖ AT&T 最初是贝尔公司旗下经营长途电话业务的子公司，后来经过资产整合，AT&T 变成了贝尔的母公司，韦尔曾任 AT&T 总裁。——译者注

　　再一次，韦尔提出的想法自带实现手段。这些年来，贝尔公司一直扮演自己的银行家和承销商的角色，而不是依赖华尔街。韦尔在金融设计上的主要助手沃尔特·吉福德（Walter Gifford）后来被任命为贝尔公司的总裁，成为韦尔的继任者。

　　当然，韦尔的决策是针对他和他的公司所面临的问题而做出的。但其背后的思考方式体现了真正有效的决策的特征。

　　在通用汽车时构想和打造了世界最大的制造型企业的阿尔弗雷德·P. 斯隆的例子，也清晰地体现了这些特征。<sup>⊖</sup>斯隆在 1922 年开始掌管这家大企业，那一年韦尔的职业生涯已经接近尾声。斯隆与韦尔大不相同，他们所处的时代也大不相同。然而，斯隆最为人称道的决策，即在通用汽车建立分权式的组织结构，却与韦尔之前为贝尔公司所做的重大决策堪称异曲同工。

　　正如斯隆的近作《我在通用汽车的岁月》<sup>⊖</sup>所说，他在 1922 年接手的通用汽车简直就是许多独立部落的酋长组成的松散联盟。这些人分别经营一个事业部，而这些事业部就在几年前还是其自己的公司。现在，这些人仍然视其为自己的公司在经营。

　　■　传统上，处理这种局面有两种方法。一种方法是在他们把
　　　　自己的企业卖给买家后，买家把这些个性独立的强人裁

---

　　⊖　之所以选用的都是商界例子，是因为这些例子足够小，要考虑的因素不是很多，更容易理解（政府做出的大多数政策决策涉及太多的背景、历史和政治因素）。同时，这些商界例子又足够大，可以从中可以发现规律。但是正如本章后面的内容以及下一章所展示的，政府、军队、医院或者大学里的决策也遵循同样的规律。

　　⊖　本书简体中文版已由机械工业出版社出版。

掉。约翰·D.洛克菲勒（John D. Rockefeller）就是采用这种方法建立了标准石油信托公司（Standard Oil Trust）。J. P.摩根（J. P. Morgan）也是用这种方法，在比斯隆上任早几年的时候，建立了美国钢铁公司（U. S. Steel）。另一种方法是让原企业主继续指挥，新的公司总部尽量少干预。这可以说是一种"由股票期权调节的无政府状态"，寄希望于酋长们出于自身财务利益考虑，能够做出对整个企业有利的行动。通用汽车的创始人威廉·杜兰特（William Durant）和斯隆的前任皮埃尔·杜邦（Pierre du Pont）就采用了这种方法。然而，当斯隆接手时，这些我行我素的强人无法携手共事，通用汽车处于崩溃边缘。

斯隆意识到，这不是个特殊的、短期的问题，并非因为之前发生的兼并而产生，而是大企业的通病。斯隆意识到，大企业既需要一致的方向和中央的管控，又需要最高管理层握有实权，需要企业运营具有活力、热情和力量。运营经理人必须有自主权。他们必须承担责任同时拥有相应的权力。他们必须有展示自己能力的自由空间，其绩效必须得到认可。斯隆显然立即就意识到，公司历史越悠久，这些就越重要，因为公司现在必须从内部培养人才，培养能力强大、个性自主、创造绩效的管理者。

在斯隆之前，每个人都把这个问题看作是人的个性问题，只有通过一场权力斗争，最终产生一个赢家才能解决。斯隆则认为这是一个制度问题，只有通过一个新的组织结构来解决，这就是分权式结构，

可以在运营部门的自主性和总部对方向和政策的集中控制之间取得
平衡。

　　■ 这个解决方案非常有效，可以通过对比来说明，对比的另
　　　一方是通用汽车尚未取得非凡成果的唯一领域。至少从
　　　20世纪30年代中期开始，通用汽车在预测和了解美国人
　　　民的政治倾向和美国政府的政策方向上做得很差。然而，
　　　这就是通用汽车没有"分权"的唯一领域。自1935年左
　　　右以来，通用汽车的每一位高层管理者都是保守的共和
　　　党人。

　　虽然韦尔和斯隆的这些具体决策针对的问题和提出的解决方案都
完全不同，但是它们具有共同的重要特征。他们都基于最高的抽象层
次的理解来解决问题。他们对问题的本质深思熟虑，然后尽力制定一
个原则来处理它。换句话说，他们的决策都是战略性的，而非针对此
时此刻的外在需求进行微调。他们都进行了创新。他们都备受争议。
事实上，上述五个决策都与当时"众所周知"的东西背道而驰。

　　■ 事实上，韦尔首次担任贝尔公司总裁时，曾被公司董事会
　　　解雇。对那些"知道"企业的唯一目的就是盈利的人来
　　　说，韦尔将服务视为公司业务的理念可以说就是发疯。他
　　　认为公共监管符合公司的最大利益，而且是生存的必要条
　　　件，但对那些认为必须竭尽全力与监管斗争的人来说，这

是不切实际的，甚至不道德的。直到几年后，也就是 1900 年之后，要求把电话公司国有化的呼声高涨，董事会大受震动（也可以说是活该吧），这时才把韦尔召回。但他接下来的决策没有得到董事会的支持，董事会认为这些决策不仅稀奇古怪，而且大错特错。比如说在当前流程和技术为公司带来最大利润之际，竟然要花钱淘汰这些流程和技术；比如说还要为此目的建立一个大型研究实验室；比如说拒绝打造一个投机性的资本结构，而那是当时资本市场的潮流。

同样，斯隆的分权制在当时是完全不可接受的，似乎与"众所周知"的一切背道而驰。

当时美国商界领袖中公认的激进分子是亨利·福特（Henry Ford）。但韦尔和斯隆的决策对福特来说也太"狂野"了。在完成 T 型车的设计之后，福特确信，它就是未来所有时代的理想之车。韦尔坚持有组织地自我淘汰，这对福特来说简直就是发疯。福特同样确信，只有最严格的中央控制才能带来效率和成果。斯隆的分权制在他看来无异于自我毁灭。

## 有效的决策过程的要素

韦尔和斯隆所做出的决策，其真正重要的共性特征既不是新颖性，也不是争议性，而是：

1. 清楚地认识到该问题是一般性的，只能通过一个建立规则和原则的决策来解决；

2. 界定了该问题的解决方案必须满足的具体要求，即"边界条件"；

3. 在明确了什么是"正确的"解决方案（即充分满足"边界条件"的解决方案）**之后**，决策者才考虑为了让决策被相关各方接受而需要做出的妥协、调整和让步；

4. 将决策的实施行动融入决策当中；

5. 接收来自事件的实际进展的"反馈"，验证决策的合理性和有效性。

这些就是有效的决策过程的**要素**。

1. 卓有成效的决策者问的第一个问题是："这是一个一般性问题，还是一个特例？"也就是问："这是否和其他很多事件相似？还是说，这是一个需要单独处理的独特事件？"一般性问题必须通过建立一条规则、一项原则来处理。特例则要具体情况具体分析。

严格地说，可以区分出四种事件，而非两种。

第一种是真正的一般性问题，个别事件只是一种症状。

■ 管理者在工作中面对的大多数问题都属于这种。例如，企业的库存决策其实不是"决策"，只是微调而已。这个问题是一般性的。生产活动中的许多事件更是如此。

　　一个产品控制和工程团队在一个月内通常要处理数百个问题。然而，如果深入分析就会发现，其中绝大多数问题都只是症状，是更为根本的深层次问题的表征而已。一个流程控制工程师或生产工程师，只是在工厂的某一个局部工作，通常看不到这一点。他可能每个月都会在输送蒸汽或高温液体的管道的连接处发现一些问题。但只有对整个团队数月的整体工作进行分析，才会发现其实有个一般性问题：现有设备不能满足高温或者高压的要求，需要重新设计管道的接头，才能承受现在的负荷。如果不改设计，流程控制人员将花费大量时间处理管道泄漏，结果却于事无补。

第二种事件对当事人来说是独特的，实际上仍然是一般性问题。

■ 例如，一家公司接到另一家更大的公司向它发出的合并要约，如果它接受了，就再也不会收到类似要约了。就这家公司、它的董事会和管理层而言，这就变成了一个独特事件。但是实际上，这当然是个一般性问题，一直都在发生。要想清楚是否接受这个要约，需要诉诸一些通用的规则。因此，当事者必须借鉴他人的经验。

第三种才是真正的特例，真正的偶发事件。

■ 1965 年 11 月，整个北美东北部发生大停电，从圣劳伦斯到华盛顿都陷入黑暗。最初的解释认为这是一个真正的偶发事件。沙利度胺悲剧也是如此，它在20世纪60年代早期导致了大量畸形婴儿的出生。我们被告知，这些事件发生的概率是一千万分之一或一亿分之一。这样的事故不太可能再次发生，就像我坐的椅子不太可能分解成原子一样。

然而，真正独特的事件非常罕见。每当出现这样一个事件，我们都必须问：这是一个真正的特例，还是一个新"物种"首次被发现？

第四种事件，也就是决策过程处理的最后一种情况，是一个新的一般性问题的早期征兆。

■ 例如，我们现在知道了，在现代电力技术或现代药理学条件下，东北部地区电力故障和沙利度胺悲剧这样的事故很可能还会频繁发生，除非找到一般性的解决方案。

除了真正的偶发事件，其他所有事件都需要一般性的解决方案。它们需要一条规则、一个制度、一项原则来加以解决。一旦建立了正确的原则，同类别的一般性问题的所有征兆就都可以务实处理，即根据实际情况对规则进行微调。但是，真正的偶发事件只能个别处理，因为无法为特例制定规则。

卓有成效的决策者会先确定自己处理的是四种事件中的哪一种。他知道，如果他搞错了类别，他就会做出错误的决策。

到目前为止，最常见的错误是把一般性问题当作偶发事件来处理，也就是说，在缺乏一般性理解、一般性原则的前提下进行具体处理。这样做一定会遭到挫败，徒劳无功。

■ 我认为，肯尼迪政府在内政和外交上的大多数政策都失败了，就是这个错误的典型例子。尽管其班子成员都才华横溢，但该政府基本上只取得了一次成功，那就是对古巴导弹危机的处理。除此之外，它几乎一事无成。主要原因就是其成员所说的"务实主义"，换句话说，就是拒绝制定规则和原则，而根据每件事的"具体情况"来处理。然而，包括其班子成员在内的所有人都清楚，其政策所依据的基本假设，是在战后时期形成的，已经日益不符合当前的国际和国内事务的现实。

同样常见的错误是把一个新事件当作老问题的又一个例子，从而继续应用旧规则来处理。

■ 正是这种错误使得本来是美国纽约州和加拿大安大略省边境的局部停电事件引起连锁反应，最终变成美国东北部地区的大停电。电力工程师，尤其是纽约市的电力工程师，对一个看似常规的超负荷运载问题运用了正确的规则。然而，他们自己的仪器已经发出信号表明发生的事情其实非同寻常，需要采取特殊的对策，而非做出标准的反应。

与之相反，肯尼迪总统在古巴导弹危机中取得了唯一的辉煌成功，就是因为他接受了这样的挑战：对一个非同寻常的特例事件进行了深思熟虑。肯尼迪一旦认清这一点，就能有效运用他在智力和勇气上拥有的巨大资源。

几乎同样常见的另一个错误，是看到了存在深层次的根本问题，但是对其进行了似是而非的界定。下面的例子就是这样。

■ 自二战结束以来，美国军队一直因许多训练有素的医务人员流失而备受困扰。对此问题有过数十项研究，提出过数十个方案。然而，所有的研究都基于一个看似合理的假设，即薪酬是问题所在。然而，真正的问题在于军医的传统结构。军方重视全科医生，而今天的医学界重视专科医生。军医的职业阶梯是从医生走向行政管理岗位，逐渐远离科研和行医。因此在今天，训练有素的年轻军医觉得如果待在军队中，要么得当全科医生，要么变成行政主管，这是浪费时间和才华。他们希望有机会提升技能，作为紧跟科研潮流的专科医生而行医。

军方至今还没有直面这个基本决策。军方有两个选择：一个是接受这样的现实——拥有二流的医疗机构，军医的水准无法媲美那些在重视科研、高度专业化的民间医院工作的医生；另一个是改变军医的组织与架构，使之完全不同于军队的组织与架构。除非军方意识到后者才是真正的决策，他们的年轻军医仍然会源源不断地迅速流失。

还有一种情况：对根本问题的界定是不完整的。

■ 这在很大程度上解释了下面这个现象：1966 年，美国汽车业突然因为汽车安全性问题遭遇猛烈抨击，而汽车业却对此大惑不解。不能说汽车业不重视安全。相反，它在设计更安全的道路和驾驶员培训上做了很多工作。发生事故要么是因为不安全的道路，要么是因为不安全的驾驶员，这么说貌似合理。事实上，其他关注安全行车的机构，从高速公路巡逻队到学校，都宣传同样的目标，而且有所成效。在设计得更加安全的道路上发生的事故更少，受过安全培训的司机发生的事故也更少。但是，尽管每 1000 辆汽车的事故率或每行驶 1000 英里的事故率一直在下降，但事故总数及其严重性一直在攀升。

　　而我们本应该在很久以前就明白，一小部分司机（比如说醉酒司机，或者只占 5% 的比例却造成了大约 3/4 事故的"事故多发"司机）是驾驶员培训覆盖不到的，他们能在最安全的道路上造成事故。我们本应该在很久以前就明白，尽管有安全法规和安全培训，我们仍然必须采取措施，尽可能避免那些概率小而损失大的事故。这意味着，除了在道路安全性和驾驶安全性上做文章，还要在汽车的设计安全性上采取措施，以降低事故本身的危险性。汽车不仅应该设计成在正确使用时是安全的，还应该设计成在错误使用时也是安全的。然而，汽车业没有看到这一点。

这个例子说明，不完整的解释往往比完全错误的解释更危险。安全行车的相关各方（汽车业、各州公路管委会、汽车俱乐部、保险公司）都认为，接受事故会在一定概率下发生就是纵容危险驾驶（如果不说是鼓励的话），就像是我祖母那一代人认为治疗性病的医生是在助长不道德行为一样。人类有一种将合理性与道德性混为一谈的普遍倾向，使得不完整的假设成为一个如此危险的错误，而且如此难以纠正。

因此，卓有成效的决策者总是首先假设自己面对的是一种通病。

他总是假设，那个吸引了他注意力的现实事件只是一种症状。他寻找真正的问题。他不满足于只是对"症"下药。

如果那真的是个特殊事件，有经验的决策者会怀疑它会引出一个新的深层次问题，看似独特的事件只不过是一个新的一般性问题的首次发生罢了。

这也解释了为什么卓有成效的决策者总是尽力在尽可能高的抽象层次上制定解决方案。就像韦尔，面对迫在眉睫的财务问题，他不会通过发行可以在未来几年内以高价轻松卖出的证券来解决。如果他预见到在不远的将来需要资本市场，他就会创造一种新的投资者，并为尚未存在的大众资本市场设计合适的证券。就像斯隆，如果他必须让一群能力强但是纪律松散的事业部总裁协调一致，那么他不会杀鸡儆猴，或者恩威并施，而是会发展大型组织所需的组织概念。还是韦尔，如果他认为自己的行业必然是垄断性的，那么他就会深思熟虑地把公共监管机构打造成"第三条道路"，既避免成为那种因为缺乏竞争而为所欲为的私营企业，也避免成为同样为所欲为甚至可以说是无法无天的政府垄断企业。

社会和政治生活中最显而易见的现象之一，就是临时应对之举获得了长生不老之身。例如，一战期间匆忙实施了三项措施：英国限制了酒馆的营业时间，法国管制了房屋租金，美国首都华盛顿启用了"临时性"政府办公大楼。三项措施都是为了满足"几个月的临时紧急需求"，可是 50 年后它们仍然存在。卓有成效的决策者深知这一点。他当然也会随机应变，但是他每次都会问自己这样一个问题："如果我必须长期与之共存，我会愿意吗？"如果答案是"不愿意"，他就会继续努力，以找到更加通用、更加抽象、更加综合的解决方案，即建立了正确原则的解决方案。

因此，卓有成效的管理者不会做出许多决策。但原因并不是他花很长时间做决策。一般而言，就原则做决策所花的时间，并不比就症状与权宜之计做决策更多。卓有成效的管理者实际上不需要做出许多决策。由于他针对一般性问题建立了规则和制度，而大多数事件都是适用规则的个案，可以通过微调来处理。法律界有句古老的格言："法律众多，则法学家无能。"这是试图把每一个问题都作为一个独特现象来处理，而非作为法律通则下的一个特例。同样，一个做很多决策的管理者，可以说是既懒惰又无能。

决策者也会不断验证是否有迹象显示非同寻常的事件正在发生。他总是问这样一个问题："这是否解释了所观察到的事件，是否解释了每一个事件？"他总是写下解决方案的预期效果（比如不再发生车祸），然后定期验证是否达到了预期效果。最后，如果他看到一些非同寻常的事件，如果他发现自己的解释不足以解释所发生的现象，或者事件的进展不符合预期，哪怕只是在细节上偏离，他都会回过头去，再次对问题进行深思。

实质上，这些都是希波克拉底在 2000 多年前为医学诊断制定的规则。它们也是科学观察的规则，由亚里士多德（Aristotle）首次提出，再由伽利略（Galileo）在 300 年前重申。换句话说，这些都是广为人知、久经考验的古老规则，是我们可以学习和系统应用的规则。

2. 决策过程的第二个要素是清晰地界定决策必须实现的目标。决策必须实现的目标有哪些？决策必须达到的最低要求有哪些？决策必须满足的条件有哪些？在科学研究中，这些被称为"边界条件"。满足边界条件的决策才是有效的，才足以达成其目的。

边界条件表述得越简洁明了，决策就越有可能真正有效，就越有可能实现其目标。相反，如果在确定边界条件上存在严重缺陷，几乎可以确定，不管这个决策看起来多么英明，都是个无效的决策。

"解决这个问题，最少需要做到什么？"对于边界条件，往往会通过这样的问题来探究。斯隆在 1922 年接掌通用汽车时，应该问过自己这样一个问题："如果取消事业部负责人的自主权，我们的需求能得到满足吗？"他的回答显然是否定的。他的问题的边界条件要求这些核心运营岗位具有相应的权力和责任，这与公司总部所需要的协调一致与中央控制同等重要。边界条件要求在组织结构的层面解决问题，而非调和不同负责人的个性。这样思考问题，才能产生持久的解决方案。

要找到适当的边界条件并不一定很容易。聪明人可能就何为边界条件有不同看法。

■ 在前面提到的大停电后的第二天早上，竟然有一家纽约报纸出版了，这就是《纽约时报》。它在停电后立即将印刷业务转移到了哈德孙河对岸的新泽西州纽瓦克市，那里的发电厂还在正常运转，而当地报纸《纽瓦克晚间新闻》拥有一家规模可观的印刷厂。然而，虽然《纽约时报》管理层下了印刷100万份报纸的订单，但是实际到达读者手中的不到一半。小道消息是这样流传的：就在《纽约时报》付印之际，执行主编和三名助手就**一个词中的连字符**的用法争论起来，持续了48分钟（反正我听说的是这样），所以耽误了一半的印刷时间。这位主编认为，《纽约时报》实际上是在为美国的书面英语设定标准，因此不能出现语法错误。

假设这个故事是真的（这我可不敢保证），人们会好奇《纽约时报》管理层是怎么看这个决策的。但毫无疑问，基于执行主编的基本假设和目标，那是一个正确的决策。很明显，他的边界条件不是某一天早上卖出的报纸数量，而是《纽约时报》作为语法学家和**美国喉舌**的绝对无误。

卓有成效的管理者知道，不满足边界条件的决策既无效，又无理，可能比满足错误边界条件的决策更糟糕。当然，不满足边界条件，与满足错误边界条件，这两种决策都是错误的。但是，后者还可以挽救，还可以成为一个有效的决策。前者除了麻烦不会带来别的结果。

我们需要想清楚边界条件，实际上还有一个原因，就是知道何时必须放弃一个决策。关于这一点可以举出两个著名的例子。在第一个例子中，边界条件模糊了。在第二个例子中，边界条件保持清晰，所以当旧决策变得不合时宜的时候，能够立即用适当的新政策来替代。

■ 第一个例子是一战爆发时，德国总参谋部制订的著名的史里芬计划。<sup>⊖</sup>该计划旨在使德国能够同时在东西两条战线上作战，而且不必兵分两路。为了实现这一目标，史里芬计划提议德国对较弱的敌人（即俄国）只象征性地部署微弱兵力，首先集中其他所有兵力闪电击垮法国，然后再对付俄国。当然，这意味着如果战争爆发，在德国取得对法国的决定性胜利之前，德军需要容忍俄军深入德国领土。在 1914 年 8 月战争爆发了，一个显而易见的事实是，俄军的速度超出了德军的预期。东普鲁士的贵族地主因为大片领地被俄军侵占而苦求德军保护。

史里芬本人对边界条件是想得一清二楚的。但他的继任者是技术专家，而非决策者和战略家。他们抛弃了史里芬计划的核心要点，即德军不能兵分两路。他们本应该全盘放弃这个计划，可是他们没有。他们保留的部分已经不可能成功实施。他们大大削弱了西线的德军，使他们无法在初期就大获全胜，但是对东线德军的加强又不足以打败

---

⊖ 该计划由德国元帅阿尔弗雷德·冯·史里芬（Alfred Graf von Schlieffen）在担任德军总参谋长期间提出，并由德国总参谋部具体制订。——译者注

俄军。他们陷入了史里芬计划所力图避免的消耗战的僵局，谁将成为战争的最后赢家，将取决于人力而非战略的优势。从那时起，德军根本毫无战略可言，只是东一榔头西一棒子，嘴里说着大话，心里盼着奇迹罢了。

■ 与此形成鲜明对比的是第二个例子：富兰克林·D. 罗斯福在 1933 年成为总统时采取的行动。在竞选期间，罗斯福一直致力于制订一个**经济复苏**计划。1933 年，这样一个计划只能建立在保守的财政政策和平衡的预算基础上。然后，就在罗斯福就职前夕，整个经济在银行假日崩溃了。<sup>⊖</sup>这种情况下，罗斯福的经济政策可能仍然在经济上行得通，但是在政治上很明显已经行不通了。

罗斯福立即用一个政治目标取代了之前的经济目标。他从经济复苏转向政治改革。这个新政策需要获得政治上的支持，因此几乎不用多想，经济政策需要从保守来个大转身，变为激进创新。边界条件变了，过去的计划就得全盘放弃。作为一个足够优秀的决策者，罗斯福明白这一点。

想清楚边界条件还有一个原因，就是可以找出所有可能的决策中最危险的那一个。所谓最危险的决策，就是只有在每件事情都不出错

---

⊖ 这里的"银行假日"（Bank Holiday），是指 1933 年美国罗斯福总统下令银行停业的一段时间，其目的是平息人们对不良金融状况的恐慌心理和挤兑风潮。——译者注

的情况下才可能（注意，也仅仅是可能）行得通的决策。这类决策乍看之下总是合情合理。但是，如果我们深入思考它们必须满足的具体要求后，就会发现实际上难以做到。这样的决策并非完全不可能成功，而是非常不可能成功。尽管有可能发生奇迹，但是我们不能把希望寄托在奇迹上。

■ 一个完美的例子是1961年肯尼迪总统针对猪湾事件所做的决策。显然，该决策的一个具体要求是推翻卡斯特罗（Castro）政权。但与此同时还有另一个具体要求：不要暴露美国军队正在干涉其他美洲国家的内政。第二个具体要求很可笑，全世界没有人会相信那是古巴人民自发的起义，但这不是重点。对当时的美国决策者来说，看起来没有干涉似乎是一个不但合理而且必要的条件。但是，只有全古巴范围内立即发生反对卡斯特罗的大规模起义，而且使得古巴军队完全瘫痪，这两个具体要求才能同时满足。这虽然并非完全不可能，但在古巴那样的国家是几乎不可能的。因此，要么放弃整个想法，要么美国提供全面支持，以确保入侵的成功。

肯尼迪总统并非如他所言，错在"听信了专家"（我这么说，并非对他不敬）。他的错误在于没有想清楚该决策必须满足的边界条件，并且拒绝直面这样一个残酷的现实：如果一个决策必须满足两个不仅彼此不同而且互不相容的要求，那就已经不是一个决策，而是盼望奇迹发生的祈祷罢了。

然而，对于任何重大决策而言，界定要求和边界条件不能基于所谓的"事实"，而要基于阐释，基于对所承担风险的判断。

每个人都可能做出错误的决策。事实上，每个人都会在某个时候做出错误的决策。尽管如此，一个人至少可以做出在表面上满足边界条件的决策。

3. 做决策必须从"什么是正确的？"开始，而不是从"什么是可以被他人接受的？"开始，更不能从"谁是正确的？"开始。最终总是会有妥协，所以不要一开始就考虑妥协的事情。而且，如果我们不知道"什么是正确的"，即可以满足边界条件的，就无法区分正确的妥协和错误的妥协，从而最终会做出错误的妥协。

■ 我是在 1944 年学到这一点的。那一年我作为咨询顾问，第一次接到一个大项目，研究通用汽车的管理结构和管理政策。在我开始研究之初，当时担任该公司的董事长兼首席执行官的斯隆接见了我，说："我不会告诉你研究什么，写什么，或者得出什么结论。那是你的任务。我给你的唯一指示是把你认为正确的东西写下来。你不要担心我们的反应，不要担心我们喜欢还是不喜欢。最重要的是，你不要为了让你的建议更容易被我们接受而预先做出妥协。即使没有你那么干，我们公司的管理者所做的妥协也已经够多了。但是，只有你先告诉他什么是'正确'的，他才能做出**正确的**妥协。"正在为某个决策绞尽脑汁的管理者，可以把这句话作为座右铭。

　　肯尼迪总统从猪湾事件的惨败中吸取了这一教训。他两年后在古巴导弹危机中获得的成功，在很大程度上要归功于此。当时，他坚持对决策要满足的边界条件深思熟虑，从而知道了必须坚持什么（即让苏联把导弹拆下来并运回去），以及可以妥协什么（即在空中侦察显示地面检查不再必要后，悄然放弃美国对地面检查的要求）。

　　有两种不同的妥协。第一种体现在一句古老的谚语中："半块面包总比没有面包更好。"第二种体现在"所罗门的审判"这个故事中，可以认为是"半个婴儿比没有婴儿更糟"的妥协。在第一种妥协中，边界条件仍然得到满足。面包的目的是提供食物，而半个面包仍然是食物。然而，在第二种妥协中，半个婴儿不满足边界条件，因为半个婴儿并非活生生的孩子的一半，而是一具尸体的一半。

　　如果我们一味担心别人会不会接受，考虑为了不引起别人反感而不说哪些话，结果只会是浪费时间。很可能，你担心的事情没有发生，但是你没有料到的反对和困难反而会成为拦路虎。换句话说，如果我们一开始就问"什么是可以被他人接受的？"，不仅没有意义，而且专注于回答这个问题通常会让我们错失了做真正重要的事情（即找出有效的、正确的答案）的机会。

　　4. 决策过程的第四个要素是将决策转化为行动。虽然想清楚边界条件是决策过程中最困难的一步，但将决策转化为有效行动通常是最耗时的一步。然而，除非从一开始在决策中纳入对行动的承诺，决策不会有效。

　　事实上，只有在其具体实施步骤已成为某个人的工作任务和责任时，一个决策才算是真正做完了。在此之前，它只是美好的愿望而已。

■ 这就是许多政策宣言（尤其是关于企业使命的宣言）的问题所在：它们没有行动承诺。这些政策宣言的实施并没有变成某个人的具体工作和责任。难怪组织中的人常常对这些宣言冷嘲热讽，认为最高管理层说的只是些空话，甚至是反话。

将一个决策转化为行动，需要回答几个截然不同的问题：谁必须知道这个决策？必须采取什么行动？谁来采取这些行动？行动必须是什么样的，才能让行动的责任人**能够**很好地完成这些行动？其中，第一个和最后一个问题经常被忽视——其后果很可怕。

■ 下面这个在运营研究界流传的故事，说明了"谁必须知道？"这个问题的重要性。几年前，一家主要的工业设备制造商决定停止生产某型号的产品。多年来，该产品一直是一系列机床的标准设备，其中许多仍在使用。因此，这家制造商决定将该产品继续销售三年，供现有客户作为备件，然后再停止生产和销售该产品。多年来，该产品的销售一直在下降，但是因为要停产了，老客户下了很多订单来备货，结果订单数量激增。然而，因为没有人问过"谁需要知道这个决策？"这个问题，没有人把这个产品要停产这件事通知采购部相关人员。负责采购组装该产品所需零件的采购员得到的指示（按照当前销售额的某固定比例购买零件）一直未变。最后，到了该产品应该停产那一天，仓库里堆积了足以再生产八到十年的零件。这些零件只能销账处理，造成了巨大损失。

决策的实施行动也必须和行动责任人的能力相匹配。

■ 一家化工公司发现，过去几年自己在两个西非国家有大量资金被冻结在当地，不让汇回国内。这家公司决定把这笔钱用起来，在当地投资办企业，这样可以帮助当地发展经济，使之不用从国外进口产品，而且如果这些企业取得成功，等到资金可以汇回国内的时候，可以把这些企业卖给当地投资者。为了在当地创立企业，该公司开发了一种简单的化学工艺，可以长期保存一种热带水果。该水果在两国都是主要作物，之前也销往西方市场，但在运输过程中容易腐烂。

　　新建立的企业在两国都很成功。在一个国家，企业负责人大量使用技能很高的尤其是经过专门技术培训的经理人，而这样的经理人在西非很罕见。在另一个国家，企业负责人一开始就考虑到了企业最终还得由当地人管理，因此努力简化流程和业务，而且从下到上各个职位都尽量招募当地人来担任。

　　几年后，该公司在这两个国家的资金又可以汇回国内了。在第一个国家创立的那家企业尽管生意兴隆，但是没有买家愿意接手，因为当地没有人具备运营它所需的管理和技术技能。该企业不得不亏本清算。在另一个国家创立的企业，则是当地企业家蜂拥而至，急于购买，该公司不但收回了最初的投资，还获得了可观的利润。

在这两个国家，该公司建立企业的流程和所建立的企业差不多一模一样。但在第一个国家，没有人问："我们有什么样的人来确保这个决策有效？他们有能力做什么？"结果，这个决策本身就遭到了挫败。

这一点在下面这种情况下变得加倍重要：如果决策要变成有效的行动，需要人们在行为、习惯和态度上做出改变。这时候，不仅要明确分配行动的责任，而且要确保行动的责任人有能力采取所需要的行动，并且要同时改变对他们的考核方式、绩效标准和激励制度。否则，他们会陷入内在的情感冲突，无法行动。

- 如果韦尔没有同时设计出在服务上的绩效标准，并用以衡量经理人绩效，他做出的贝尔公司的业务是服务的决策只能是一纸空文。过去，贝尔公司的经理人的绩效是以其事业部的盈利能力或者成本来衡量的。新的标准使他们迅速接受了新的目标。

- 与上面这个例子形成鲜明对比的是这样一个例子：在一家拥有骄人的悠久历史的美国大公司，一位才华横溢的董事长兼首席执行官想要改变组织结构和目标，失败了。每个人都认为需要改变。该公司多年来一直是行业龙头，现在出现了明显的老化迹象。在几乎所有主要领域，都有更新、更小、更雄心勃勃的竞争对手在赶超它。但为了让变革更容易被接受，该董事长将公司守旧派的几位代表人物提拔到最引人注目而且是薪酬最高的职位上，比如说三位新的执行副总裁。这对公司员工只传递了这样一个信息："他们不是真心要改变。"

如果与新的行动方针截然相反的行为得到了最优厚的报酬，那么每个人都会得出这样的结论：这种相反的行为才是高层真正想要并将真正奖励的行为。

尽管并不是每个人都可以像韦尔那样，把执行融入他的决策之中，但是每个人都可以思考：一个具体决策要求什么样的行动承诺？随之而来的工作任务是什么？有什么人可以执行它？

5.最后，在决策中必须考虑反馈，即将实际发生的事件与决策的预期结果相对照，对决策进行持续不断的检验。

决策是由人来做出的。首先，人可能犯错。而且，做得再好的工作，也可能不再适应形势的变化。也就是说，即使是最好的决策，出错的概率也很大。即使是最有效的决策，最终也会过时。

■ 如果要举例的话，同样可以举韦尔和斯隆的决策。韦尔的四个决策富有想象力和胆识，但其中只有一个，即贝尔公司的业务是服务的决策（以及他为该决策所构想的形式），在今天仍然有效。20 世纪 50 年代，随着机构投资者（养老信托基金和共同基金）成为中产阶层投资的新渠道，AT&T 普通股的投资特征不得不发生巨大变化。尽管贝尔实验室保持了其主导地位，但新的科学和技术发展，特别是空间技术和激光设备的发展，已经相当清楚地表明，任何通信公司，无论规模有多大，都不可能自力更生满足自己的所有技术和科学需求。同时，很有可能出现新的电信技术与电话展开激烈竞争，这是 75 年来的首次。技术的发展也使得在主要的通信领域，例如信息和数据通信，没有任何一种通信媒体能够保持主导地位，当然也包括贝尔公司对远距离语音通信的垄断。尽管公共监管仍然是私营电信公司生存的必要条件，但各州分别监管（这也是韦尔大力推行的监管方式）越来越不适应全国乃至国际性通信系统的现实。联邦政府的监管既是不可避免的，也是必要的，但是贝尔公司并没有推动这一点，而是打算拖下去。这种拖延正是韦尔当初尽力避免的。

至于斯隆在通用汽车实施的分权制，它仍然有效，但越来越明显的是，该公司很快就得对此再次进行深入思考。斯隆设计的基本原则已经多次被改变，被修订，现在已经面目模糊，例如，那些自主的汽车事业部越来越不能完全控制其制造和组装的运营，也就无法对结果负全部责任。各个汽车品牌，从雪佛兰到凯迪拉克，也早已不再像斯隆最初设计的那样代表不同的价格层级。最重要的是，斯隆设计的是一家美国公司。尽管它很快就收购了外国子公司，但在组织和管理结构上，它仍然是一家美国公司。但通用汽车今天显然是一家国际化公司。它的增长机会越来越多地出现在美国以外，尤其是欧洲。只有为作为跨国公司的通用汽车找到正确的原则和正确的组织，它才能继续生存和繁荣。斯隆在 1922 年所做的工作将必须很快再做一次。可以预见，一旦该行业陷入不景气，这项工作将成为当务之急。如果不彻底解决，斯隆的解决方案可能会成为通用汽车的沉重负担，并越来越成为其成功的障碍。

艾森豪威尔将军当选总统时，他的前任杜鲁门说："可怜的艾克<sup>⊖</sup>！他当将军时，他每下达一个命令，就会有人去执行。现在，他会坐在那间大办公室里下达命令，然后什么事情都不会发生。"

然而，"什么事情都不会发生"的原因并不是将军比总统更有权威，而是因为军事组织早就懂得了大多数命令都是徒劳的这个道理，从而有组织地以反馈来检查命令的执行情况。他们早就知道，亲自去现场察看是唯一可靠的反馈。<sup>⊜</sup>看报告（总统总是可以要来很多报告），没多大用。军队早就知道，下达命令的军官要亲自去检查命令是否得到执行。至少，他要派自己的一名副官去检查，他从不会只靠单单听取执行命令的下属的汇报。他不是不信任下属，而是经验告诉他，不要信任汇报。

---

⊖ 对艾森豪威尔的昵称。——译者注
⊜ 自古以来军队就是这么做的。修昔底德（Thucydides）和色诺芬（Xenophon）在其历史记述中都把这种做法视为理所当然，在中国古代关于战争的记述中也是如此。恺撒（Caesar）也是这么做的。

■ 这就是为什么一个营长必须去尝尝他手下吃的是什么。他本来也可以看看士兵的菜单，然后点上一两道菜，送到自己那里。但那样不行。他必须走进士兵食堂，去士兵所吃的那锅菜里舀上一勺尝尝。

随着计算机的出现，这一点将变得更加重要，因为决策者很可能会进一步远离行动现场。除非他自己觉得走出去察看现场是理所当然之事，否则他将越来越与现实脱节。计算机所能处理的只是抽象概念，而抽象概念必须不断用具体现实来对照检验，才可以指导我们，否则只会误导我们。

走出去亲自察看，也是检验已经做出的决策的假设是仍然有效，还是已经过时因而需要重新构想的最佳方式，如果不说是唯一方式的话。假设迟早总会过时的。现实不会保持静止太久。

不走出去亲自察看，是坚持某个不再合适甚至不再合理的行动方针的典型原因。这不仅对商业决策成立，对政府政策而言也是如此。比如，这在很大程度上解释了战后斯大林的欧洲政策的失败，也解释了为什么美国不能根据戴高乐时代的欧洲现实调整其政策，以及英国为什么很晚才接受欧洲共同市场的现实。

我们需要经过组织的信息作为反馈，需要报告和数字。但是，管理者必须把反馈建立在跟现实的直接接触上（即管理者必须亲自走出去察看，这是一项修炼），否则注定会变成教条主义，没有成效。

这些就是决策过程的要素。但是决策本身呢？

第 7 章

# 有效决策

▼

THE EFFECTIVE EXECUTIVE

决策是一个判断，是在不同选项之间所做的选择。决策几乎从来不是在正确和错误之间选择，顶多是在"大体上是对的"和"大概率是错的"之间选择，而更多的时候，不同选项之间并没有明显的高下之分。

大多数关于决策的书籍这样告诉读者："首先找到事实。"但是做出有效决策的管理者知道，首先要找到的不是事实，而是意见。所谓意见，就是未经检验的假设，除非经过现实的检验，否则意见毫无用处。要决定将哪些事件列入事实，你得先就用什么标准来评估（尤其是用什么方式来衡量）其相关性做出一个决策。这是有效决策的关键之处，往往也是整个过程争议最大的地方。

而且，很多关于决策的书籍宣称，决策过程始于对事实的共识。这是错的。对正确决策的理解来自不同意见的交锋，产生于对竞争选项的深思熟虑。

首先找到事实，是不可能的。先得就相关性有一个标准，然后才有事实。事件本身不是事实。

> ■ 在物理学中，一种物质的味道不是事实。就在不久以前，其颜色也不是。味道在烹饪中，颜色在绘画中，则是至关重要的事实。物理学、烹饪和绘画对事物的相关性有不同的标准，所以考虑不同的事实。

不过，卓有成效的管理者知道，人们首先寻找的不是事实，而是意见。这样做完全没有错。有经验的人就该形成意见。如果某人在一个领域深耕多年却没有形成意见，那只能说明这个人既不善于观察，也不勤于思考。

人们总是先有意见。让他们先寻找事实也并不可取。他们只会听从内心的召唤，寻找那些符合自己内心已经得出的结论的事实。一个人想要找到什么事实，总是能够找到。一个优秀的统计学家深知这一点，所以他不会相信任何数字。他也许认识找到这些数字的那个人，也许不认识，但不管怎样，他都保持怀疑。

用现实检验意见的严谨的方法，必须基于这样一个清醒的认识：人们先有意见，而且也应该先有意见。这样，我们就会意识到，我们是从未经检验的假设开始的。不管是做决策还是从事科学研究，这都是唯一的起点。我们知道如何对待假设——不是展开争论，而是进行检验。我们通过把假设与重要的经验进行对照，发现某个假设站得住脚，值得进一步考虑，而另外的某个假设需要放弃。

卓有成效的管理者鼓励意见的产生。但是同时，他也坚持让那些提出意见的人想清楚，"实验"（即把意见与现实相对照的检验）的结果说明什么。卓有成效的管理者问这样的问题："要检验假设是否成立，我们需要知道些什么？""如果这个意见可行，事实会是怎样的？"他会养成一个习惯，而且让其他同事也养成这样的习惯，即把需要观察、研究和检验哪些事物想清楚、说明白。他坚持让提出意见的人承担这样的责任：界定应该期待和寻找哪些事实。

也许，这里的关键问题是："相关性的标准是什么？"这通常会引出更具体的一个问题：如何恰当衡量当下正在讨论、需要围绕它做出决策的那个事物。如果你观察一个真正有效、真正正确的决策是怎么做出的，你会发现大把时间投入在了找到合适的衡量方式之上。

■ 韦尔关于贝尔公司的业务是服务的决策，当然也是这么做
出的。

卓有成效的管理者把传统的衡量方式假定为错误的。如果是正确
的，那就不需要做决策了，微调一下就可以了。传统的衡量方式体现
的是昨天的决策。既然现在有必要做出新的决策，通常就意味着传统
的衡量方式不再管用了。

■ 从朝鲜战争以来，美国军队的采购和库存政策就很糟糕，
这一点众所周知。尽管对此展开了很多研究，但是情况没
有好转，反而变得更糟。罗伯特·麦克纳马拉在被肯尼迪
总统任命为国防部长之后，对军需品库存的传统衡量方
式（对采购和库存的物资以总金额和总数量来衡量）提出
了质疑。麦克纳马拉要求把少数物资单列出来，这些物资
在数量上极少，也许只占4%，但是占到了总的采购费的
90%，甚至更高。同时，还有少数物资也被要求单列出来，
它们可能只占到了4%的数量，但是占到了战备物资的
90%。这两类物资有重合，因此合在一起大概占总物资的
5% ～ 6%，不管以数量还是以金额计。⊖麦克纳马拉坚持

---

⊖ 这里说两类物资的金额只占总金额的5% ～ 6%，与前面所说的其中一类就占到
了总金额的90%矛盾，也与下面所说的"其他95%的物资在金额上也不占大头"
矛盾，怀疑是德鲁克在这里出现笔误。顺便说一下，德鲁克（在本书以及其他著
作中）举例所用的史料不一定非常准确，但通常无损于他要论证的观点。——译
者注

对这些关键物资的每一种都单独管理，而且精准管理。其他 95% 的物资在金额上也不占大头，也非战备必需品，于是被作为例外来管理，也就是通过概率和平均值来管理。这种新的衡量方式很快带来了在采购、库存和物流上的高效决策。

我之前谈到过的走出去寻求"反馈"，就是找到合适的衡量方式的最佳方法，只不过这里的"反馈"发生在决策之前。

■ 例如，人事管理一般衡量的是"平均值"，比如每百名员工的停工事故数量，全体员工的平均缺勤率，或者每百名员工的平均病假率。但是一个管理者如果亲自走出去察看，就会发现他需要不同的衡量方式。平均值只对保险公司有用，但对人事决策来说毫无意义，甚至会产生误导。

绝大多数事故都发生在工厂的某一两个地方。大多数缺勤都发生在一个部门。病假也不是平均分布的，而是集中在少数员工身上，即年轻的未婚女性身上。根据平均值而采取的人事举措（在全工厂范围内开展的安全运动就是典型的例子）不但起不到想要的效果，还常常让问题变得更糟。

同样，汽车业没有及时意识到设计更加安全的汽车的重要性，也要归咎于管理者没有走出去观察。汽车公司传统上也是以平均值来衡量，比如人均乘车每英里的事故数，或者每辆车的事故数。如果它们的管理者走出去看，就会发现还需要衡量事故造成的身体伤害的严重程度。因此他们就会发现需要对汽车安全性进行改进，也就是要改进汽车设计，让事故变得不那么危险。

因此，找到合适的衡量方式不是简单的数学计算，而是需要承担风险的判断。

一个人要做出判断，也就是要在不同选项之间选择。只能说"是"或"否"的判断，根本不是判断。必须有更多选项存在，一个人才能洞察自己所承担的风险。

因此，卓有成效的管理者在衡量方式上坚持要有更多选项，这使得他们可以选择最合适的那一个。

■ 对一个资本投资计划有很多种衡量方式。一种关注收回本金的时间有多长。另一种关注预期的收益率有多高。还有一种则关注回报的现值有多大。一个卓有成效的管理者不会满足于这些传统的标尺，即使会计部门拍胸脯保证其中之一是"最科学的"。经验告诉他，这三种方式分析的是同一个资本投资决策的不同层面，而这些层面他都得考虑一遍，才知道就这个具体的资本投资决策而言，哪一种方式最为合适。这个卓有成效的管理者会要求会计人员（尽管他们很可能非常不情愿）用这三种方式都算上一遍，这样他最终可以放心拍板："这种衡量方式对这个决策最合适。"

一个人如果不考虑所有选项，那就是狭隘。

这就解释了为什么卓有成效的决策者会故意无视决策教材的第二条指令<sup>⊖</sup>，而在决策过程中激发异议与歧见，而非共识。

管理者要做的决策有其特殊性，如果大家都鼓掌通过，这其实说明没有做好决策。只有通过相互冲突的观点的交锋，通过不同见解的对话，通过在不同的判断之间选择，才能够做好决策。决策的第一条规则是：除非有异议，否则决不做决策。

> ■ 据说，斯隆在一次高管会议上这样说："先生们，我发现大家一致同意这个决策。"会议桌旁的每个人都点头认可。斯隆接着说："那么，我提议把这件事推迟到下一次会议上讨论，这样可以给我们时间来产生一些异议，我们也许能获得对这个决策的相关内容的真正理解。"

斯隆可不是一个"直觉型"决策者。他总是强调要用事实来检验意见，强调决不能先得出结论，然后再去寻找支持这个结论的事实。他知道，要做出正确的决策需要有足够的异议。

美国历史上每个卓有成效的总统都知道为了有效做出决策，自己需要异议，而且每个人都有自己的产生异议的方法。林肯、西奥多·罗斯福、富兰克林·D.罗斯福、杜鲁门，他们每个人都有自己的方法。方法各异，结果相同，他们每个人都创造了自己需要的异议，

---

⊖ 指"决策过程始于对事实的共识"。与之相对应的第一条指令则是"首先找到事实"。——译者注

从而"获得了对这个决策的相关内容的真正理解"。我们知道，华盛顿总统讨厌冲突和争吵，希望内阁团结一致。然而在大事上，他会通过同时征询汉密尔顿（Hamilton）和杰弗逊（Jefferson）两个人的意见，来获得必需的不同意见。

■ 对需要有组织的异议这一点体会最深的总统，很可能是富兰克林·D. 罗斯福。每当有大事发生，他会把某个幕僚叫到一边，说："我要你为我做这个工作，但得严守秘密。"（这样说其实会让这件事马上传遍全城，而罗斯福也知道这一点。）罗斯福还会把其他几个人也叫到一边，给他们同样的任务，同样要他们"严守秘密"。罗斯福知道这几个人跟第一个人政见不同。罗斯福这样做的结果，就是每件事的每个重要方面都被人深思熟虑过，而且向他做了汇报。他可以确定，自己没有成为某个人的先入之见的囚徒。

内务部长哈罗德·伊克斯（Harold Ickes），罗斯福内阁班子中的一个"职业经理人"，严厉批评这种做法是可怕的行政管理。伊克斯在日记里对罗斯福大加鞭笞，指责他粗心大意、言行失检、背信弃义。但是罗斯福知道，自己作为美国总统的主要任务不是行政管理，而是制定政策，做出正确的决策，而这只能建立在"对抗式诉讼"的基础上。这是我从律师那里借用来的术语，他们使用"对抗式诉讼"，通过辩论得出真正的事实，确保一个案子的各个相关方面都在法庭上呈现出来。

主要有三个理由，要求必须有异议。

第一，这是决策者不至于沦为组织的囚徒的唯一逃生通道。组织中的每个人都对决策者有所求，每个人都在为某种利益辩护（通常都完全出于善意），要把决策变得对自己有利。不管决策者是美国总统，或者只是一位正在修改某个设计的初级工程师，情况都是这样。

要避免成为这种为特殊利益辩护的先入之见的囚徒，唯一方法就是确保有异议在交锋，这些异议需要经过深思熟虑，而且记录在案。

第二，异议本身就为决策提供了一个备选项。一个决策如果没有备选项，即使经过深思熟虑，也无异于一个赌红了眼的赌徒的孤注一掷。这样的决策大概率是错的，要么一开始就是错的，要么形势的变化导致决策出错。如果在决策过程中存在一个经过深思熟虑的备选项，那么这个备选项（已经被深思熟虑过，已经被调查研究过，已经被大家所理解）就可以作为替补。如果一个决策在现实中难以实施，而又没有这样一个备选项的话，那就只能惨淡收场。

■ 我在上一章谈到了德国军队在 1914 年的史里芬计划和富兰克林·D. 罗斯福最初的经济计划。因为形势的变化，两者都在本该大显身手的时候出了差错。

德国军队一直没有恢复元气，一直没有形成另一个战略思路。它一直是即兴行事，走一步看一步，但每一步都走得歪歪扭扭。这其实是自作自受。长达 25 年，总参谋部没有为史里芬计划考虑过备选方案，而是把所有精力用在确定该计划的各种细枝末节上。一旦史里芬计划土崩瓦解，没有备选方案作为替补。

德国将军们尽管经受过严格的战略规划的训练，但是只能即兴行事，一会向东奔，一会向西跑，可是连自己为什么要奔跑都没有搞清楚。

■ 1914 年的另一个事件也是没有备选项而身陷险境的例子。在俄军下达动员令后，沙皇又改变了主意。沙皇召见总参谋长，要求他取消动员令。这位将军回答说："陛下，这不可能。动员令一旦发出就无法取消。"当然，我不认为如果俄国军队在最后关头能够停下来，一战就一定能够避免。但是，理智本来是有最后一线机会的。

■ 与之相反，罗斯福总统在上任前数月，一边将正统经济学思想作为自己的竞选纲领，一边让一群杰出的幕僚（就是后来被称为"智囊班子"⊖的那些人）制定一个备选方案，在过去的"改良派"的方案的基础上，提出一个激进的方案，旨在进行大规模的经济和社会改革。后来发生了银行系统崩溃，这时如果再坚持正统经济学思想，罗斯福无异于结束自己的政治生命。然而，罗斯福有备选方案在手，并据此制定政策。

但是，如果没有一个精心准备的备选方案，罗斯福也

---

⊖ 英文原文为 Brains Trust，一开始专指罗斯福的这群幕僚，后来指所有的优秀的幕僚团队，这里意译为"智囊班子"。——译者注

会像德军总参谋部或者俄国沙皇那样束手无措。罗斯福在就任总统之后，在国际经济上奉行的是 19 世纪的传统理论。然而，他在 1932 年 11 月当选，在次年 3 月上任，这期间国内经济和国际经济都急转直下。罗斯福当然也看到了，但是因为没有备选方案，他只有临场发挥，但是水平很低。像罗斯福总统这么能干、灵活的人，在天降大雾之时也只能摸索前行，只能从一个极端转向另一个极端（他就是这样搞砸了伦敦经济会议），只能相信那些兜售神药的经济学家，使用他们炮制的狗皮膏药，比如把美元贬值，或者重新使用银币，而这两个方法都无助于真正解决问题。

更明显的例子是罗斯福在 1936 年总统竞选中获得压倒性胜利之后，提出的改造最高法院的计划。罗斯福认为自己完全控制了国会，没想到自己的计划会遭到国会的强烈反对，而这时罗斯福没有备选方案。最终，他只能放弃自己的计划。他失去了对国内政治的控制，尽管他个人在人民中深受欢迎，他的政党在国会中拥有多数席位。

第三，异议可以激发想象力。为数学问题找到正确答案不一定需要想象力，但是任何领域（政治、经济、社会、军事）的管理者都要面对充满不确定性的问题，都要提出"创造性"的解决方案，以创造出新的形势。这就意味着一个人需要想象力，即一种不同的看待和理解事物的新方式。

我承认一流的想象力并不多见，但也不像人们通常认为的那么稀缺。想象力需要挑战和刺激才能被激发出来，否则就会蛰伏在那里，没有被派上用场。异议就是已知的对想象力最有效的刺激，尤其是必须仔细推理、深思熟虑、记录在案的异议。

■ 很少有人拥有"矮胖子"的想象力，能够在早饭前就想象出一大堆不可能的事物。更少有人拥有"矮胖子"的创造者（即《爱丽丝梦游仙境》的作者）路易斯·卡罗尔的想象力。⊖但是，即使是小孩也拥有足以使他们欣赏《爱丽丝梦游仙境》的想象力。就像杰罗姆·S.布鲁纳⊖（Jerome S. Bruner）指出的，一个八岁儿童稍一动脑就知道，尽管4乘6等于6乘4，但是"一个盲眼的威尼斯人"（a blind Venetian）不等于"一扇百叶窗"（a Venetian blind）（尽管其字面意思是"一个威尼斯的盲人"）。⊜这是一种高阶的想象性视力。然而，太多成年人做决策基于这样的假设：一个盲眼的威尼斯人跟一扇百叶窗是一回事。

在维多利亚时代流传这样一个故事：南太平洋的一个岛民从西方游历归来，对其他岛民说西方人的房子中没有水。

---

⊖ "矮胖子"（Humpty-Dumpty）是英语世界中广为人知的一般以"蛋形人"的样子出现的形象，一般认为最早出自一个广为流传的童谣（也是一个谜底为"鸡蛋"的谜语）。尽管路易斯·卡罗尔在作品中使用了这个形象，但通常不认为这个形象为其首创。——译者注

⊖ 著名心理学家和教育学家——译者注

⊜ 这个例子见于其非常深刻的著作《迈向一个教育理论》的第64页，该书由位于剑桥的哈佛大学出版社于1966年出版。

在他们的原始岛上，人们把树木凿空做成水槽引水，可以
清楚地看到水流；而西方的城市用管道引水，需要打开水
龙头才有水流出来。可是没有人对这个岛民解释过水龙头
这件事。

每当听到这个故事，我都会想到想象力。除非我们打开"水龙
头"，否则想象力不会流淌而出。这个水龙头就是有组织、有交锋的
异议。

因此，卓有成效的决策者会组织激发异议。这使得他不会做出貌
似可行而实际上要么大错特错、要么不够完善的决策。这使得他有备
选方案，使得他既能够有所选择并做出决策，又能够在实施过程中发
现决策有瑕疵或者有大错时不至于在浓雾中迷失方向。而且，异议会
造就想象力——不仅在他自己身上，也在他的下属身上。异议把貌似
可行的方案变成正确的选项，把正确的选项变成有效的决策。

卓有成效的决策者不从这样的假设开始：只有一种行动方案是正
确的，其余的一定错误。他也不从这样的假设开始："我是对的，他
是错的。"他从这样的决心开始：发现为什么人们有异议。

卓有成效的管理者知道，当然有愚蠢的人和捣蛋鬼存在。但是，
他们不会因为某人不同意他们自己觉得天经地义、理所应当的意见，
就假定某人是愚蠢的人或者无赖。他们知道，持异议者必须被假定是
头脑清醒而且立论公正的，除非有相反的证据。因此，你必须假定持
异议者得出的结论不管听起来多么荒谬，那只是因为他看见的现实与
你看见的不同，他关心的问题与你关心的有异。因此，卓有成效的管

理者总是问这样的问题："如果这个人的立场是成立的，是理性的，是智慧的，他到底看见了什么？"卓有成效的管理者首先关注的是**理解**。即使他会考虑谁对谁错的问题，也只是在此后才考虑。<sup>⊖</sup>

> ■ 有一家优秀的律师事务所，它给刚从法学院毕业的新人布置的第一项工作比较特别，是为对方律师的当事人草拟辩护词，还要尽可能写得理直气壮。不先写自己当事人的辩护词，这是个明智的做法（毕竟，你得假定对方律师是懂行的）。而且，这对年轻律师是很好的培训，可以训练他不要一开始就想"我知道为什么我的辩护会成功"，而是深入思考对手那一方知道些什么，看见些什么，为什么会相信他们的辩护会成功。这可以训练他把双方立场看作不同选项，这样他才更可能真正理解他的案子是怎么回事。然后他才能够在法庭上理直气壮地辩护，说明为什么相比于对方的选项，自己的选项更加站得住脚。

不用说，不管是不是管理者，这么做的人很少。大多数人一开始就确定，自己看见的是唯一真实的。

---

⊖　这当然不是什么新观点。这其实只是对玛丽·帕克·福列特（Mary Parker Follett）的观点（见于她的《动态管理》一书，该书由 Henry C. Metcalf 和 L. Urwick 编辑，由纽约的 Harper & Row 出版社于 1942 年出版）的重述，而她的观点也只是对柏拉图关于修辞术的伟大对话《斐德罗篇》中的观点的扩展。

■ 美国钢铁企业的管理者一直没想通这样一个问题："为什么
我们一提到'限产超雇'⊖这个词，那些工会成员就那么激
动？"工会成员也从来没有问过自己，为什么每次自己提
出来的是小事，但是管理层却小题大做。双方都只是在尽
力证明对方错了。如果每一方都尽力去理解对方的看法和
背后的理由，双方的观点都更能站得住脚，钢铁业的劳工
关系——如果不说是整个美国实业界的劳工关系的话——
将因此而受益匪浅，变得更加融洽。

一个管理者如果要做出正确的决策，那么不管自己情绪多么激
动，不管多么确信对方大错特错，他都会迫使自己把对立面的存在当
作好事，当作**自己的**一种手段，用来对备选方案进行深思熟虑。他把
相互冲突的意见作为工具，用来确保重要事项的方方面面都被彻底考
察过。

卓有成效的决策者问的最后一个问题是："这个决策真的有必要
吗？"什么都不做总是备选方案**之一**。

每个决策都像是一场手术，是对一个系统的一次干预，伴随着休
克的风险。就像优秀的外科大夫不做不必要的手术，一个管理者不做
不必要的决策。每个管理者的风格都不同，就像每个外科医生的风格

---

⊖ 限产超雇（featherbedding）指美国企业在工会要求下限制产量或者雇用更多的员
工。这是美国工会为其成员增加工作机会或者避免其成员失业的一种做法。——
译者注

不同。有些人激进，有些人保守。但总的来说，他们对于原则是有共识的。

如果什么事都不做，情况会变得更糟，那就必须做决策。这个原则也适用于机会：如果不赶紧行动，重要的机会就会消失，那么必须行动，做出大胆的改变。

> ■ 与韦尔同时代的人也同意他对"政府拥有所有权会让事态恶化"的判断，但是他们只想解决表面症状：在立法机构中反对某个法案，支持或者反对政坛上的某个候选人，诸如此类。只有韦尔知道，这些做法对不断恶化的事态没有用。这样做即使能够赢得每一次战役，也无法赢得整个战争。他看到了采取激进行动以创造新的形势的需要。只有他看到了，除了把私有企业国有化，公共管制也必须成为一个备选项。

另一个极端则是这样的情形：即使什么都不做，最终也会云开雾散。当然这不能是盲目乐观。问这样一个问题："如果不管它，最后会怎样？"如果回答是"不会怎么样"，如果事情不重要（尽管有些烦人），也不太会造成多大影响，那就不要干预。

> ■ 懂得这一点的管理者很罕见。一家公司遭遇财务危机的时候，负责缩减成本的财务总管总是锱铢必较，而很多小钱省下来也于事无补。比如，他可能知道成本支出的大头是

在销售人员和物流系统方面，他会努力在这上面做文章。但是，如果他同时还去过问诸如某个运转良好的工厂里多出来两三个"不必要"的老员工这样的事情，那反而为他减分了。如果有人说解雇这几个快要退休的老员工也于事无补，他还会认为这样说不道德，反驳道："其他人都在做出牺牲，这几个人效率不高，凭什么照顾他们？"

等到危机过去，整个组织记得的不是他挽救了企业，而是他裁掉了工厂里的两三个可怜鬼。这也是他活该。罗马法有云："执法官不过问小事。"已经差不多过了两千年，许多决策者还没有学会这一点。

大多数决策在这两个极端之间，即问题既不会自动化解，也不太可能退变为恶性肿瘤。存在的机会只会带来改善，而非真正的变革和创新，但即使这样，改善的收益仍然是巨大的。换言之，如果不采取行动，我们大概率能够生存下来；但是，如果采取行动，我们的境况将大大改善。

在这种情形下，卓有成效的决策者会对行动需要付出的努力及风险与不行动的风险进行比较。做这个比较没有公式可循，但是，如果遵循下面两条清晰的指南的话，在具体的决策中一般不会有什么困难：

- 如果收益大大超过成本与风险，那就采取行动
- 要么行动，要么不行动，不要"两面下注"或者试图找出折中路线

外科医生只切除半截扁桃体或者半截阑尾给病人带来的感染和休

克的风险，跟全部切除给病人带来的风险一样大。而且，他只切除半截，实际上没有治好病人，反倒让情况变得更糟。他要么做手术，要么不做手术。同样，卓有成效的决策者要么行动，要么不行动。他不会采取半截行动。半截行动在任何情况下都是错的，这样做没有满足决策的最低要求和边界条件。

到现在，具体要求经过了深思熟虑，备选方案经过了评估，风险和收益经过了权衡，可以说是万事俱备，只待决策了。确实，该采取的行动路线到这时总会清晰地浮出水面。到这个时间点，决策可以说是"自己跳出来的"。

然而，大多数决策却在这个时间点消失了。这时候，人们越来越清楚地意识到：决策不会是令人愉悦的，不会让大家都高兴，不会很容易实施。人们越来越清楚地意识到：决策不仅要求见识，也要求胆识。药并不必然是苦的，但是良药往往苦口。同样，决策不一定必然是苦的，但是卓有成效的决策往往如此。

有一件事，是卓有成效的管理者这时候不会做的。他不会屈服，不会说"我们再研究研究"。那样做的是懦夫，懦夫那样磨磨蹭蹭，相当于死了一千次，而勇者大胆决策，要死只死一次。如果有人要求"再研究研究"，卓有成效的管理者会问这样的问题："有哪些理由让我们相信，再研究研究会带来新发现？有哪些理由让我们相信，带来的新发现对决策可能有实质性的影响？"如果答案是"没有"（通常都会是这样），卓有成效的管理者就不会批准继续研究下去。他不会白白浪费手下那些人才的时间，只是为了掩盖自己的举棋不定。

但是，如果自己没有真正理解，他也不会仓促行事。他毕竟是一个有相当经验的成年人，知道要留心被苏格拉底称为"精灵"的内心的声音。他听见心灵深处有个声音在低语："当心。"⊖一件事如果是正确的，就没有理由因为它很困难、很烦人、很可怕而不去做。如果他发现自己坐立不安，心烦意乱，却又说不出准确的原因，他就会按兵不动，哪怕只是稍做停留。我所认识的一个最优秀的决策者之一是这么说的："如果事情看起来像是对焦不准，我就会按兵不动。"

十次中有九次，最后你会发现让人心烦意乱的只是细枝末节。但是十次中仍然有那么一次，你会意识到你忽略了一个关键，犯下了一个大错，甚至整个判断都错了。这一次你在半夜醒来，就像那个著名故事中的神探夏洛克·福尔摩斯那样，意识到"最重要的是巴斯克维尔的那条猎犬没有叫"。⊜

但是，卓有成效的管理者不会久等，也许会等上几天，最多会等上几周。如果他没有再听到内心的"精灵"的声音，那么不管他喜不喜欢，他都会迅速行动起来，全力投入。

管理者拿钱就要做事，而且不是做自己喜欢的事，而是做正确的事。这些事大部分其实就是做卓有成效的决策，这是管理者特定的任务。

---

⊖ 出自《柏拉图对话录》中的《苏格拉底的申辩》一篇。——译者注
⊜ 出自小说《巴斯克维尔的猎犬》，为福尔摩斯探案系列中最著名的故事之一。——译者注

# 决策与计算机

今天我们有了计算机，上面的内容还成立吗？有人说计算机会替代决策者，至少对中层经理人来说是这样。有人说所有运营决策在未来几年之内都会由计算机来做，而且要不了多久战略决策也会如此。

我认为，计算机将推动管理者把今天大多数的现场调整式管理变成真正的决策。计算机将把一大堆习惯了被动应付的人转变成主动出击的真正的管理者和决策者。

计算机是管理者的有力工具。它像是锤子或者钳子（但与轮子或者锯子不同），人做不了的事，它也做不了。它只擅长做一件人也可以做的工作，那就是加减，但是它做的速度比人快上千万倍。而且，计算机作为一个工具，不会烦，不会累，还不要加班费。就像把人可以做的事做得更好的其他工具一样，计算机放大了人的能力。（还有一类工具，如轮子、飞机、电视机，它们做的事是人根本做不了的。它们给人增加了一个新的维度，也可以说是延展了人的本质。）但就像所有的工具一样，计算机只能做一件或者两件事。它有狭隘的局限性。正是计算机的这种局限性推动我们去做真正的决策，而非现在主要做的**临场**微调。

计算机的长处在于它是一台逻辑机器。你编好程序让它干什么，它就照办不误。因此，它又快又准确。但这也让它变成了一个彻头彻尾的机械白痴，因为逻辑本质上是愚蠢的。它只做简单明了和显而易见的事。与之相反，人不是逻辑性的，而是感性的。因此，人又慢又马虎。但与此同时，人又聪明又有洞察力。人能够改变，这指的是人能够在信息不足甚至完全缺乏的情况下推想出事物的全貌。他脑子中装的大量事物，是没有人编程过的。

- 经理人一般在行动上只是临场应变，这种情况在一个简单、常见的领域（库存与物流决策）中体现得很典型。一个典型的区域销售经理知道（尽管不是完全准确）：A 顾客按照排得很紧的时间表管理自己的工厂，因此送货如果晚了会有大麻烦；B 顾客通常有充足的原材料和其他供给品的库存，万一送货晚了，这个顾客也能对付上几天；C 顾客已经很不满，再出任何问题就会换供应商。他还知道，自己如果在某个品种上需要额外供货的话，自家工厂里的这个人或者那个人可以帮上忙。这个典型的区域销售经理基于以上经验，在工作中可以一路调整、改变。

计算机可不懂得这些事。至少，如果你不专门告诉它这些事，而且告诉它这些事是与公司决定如何对待 A 顾客或者制造 B 产品相关的事实，它是不会懂的。它能做的只是按照它被指示、被编程的方式进行应对。它做的"决策"不会多过计算尺或者收银机。它能做的其实只是计算。

如果一家公司要把库存控制交给计算机来做，那么首先要制定一些规则。它首先要制定一个库存**政策**。一旦它着手做这件事，就会发现关于库存最基本的决策根本就不是库存决策，而是具有高风险性的业务决策。库存其实是对多种风险进行平衡的一种方式，包括让顾客对送货和服务的预期落空的风险，因为生产上的波动和不稳定带来的成本与风险，把资金预先锁定在可能受损、过期或者腐烂的商品上而带来的成本与风险。

■ "我们的目标是对90%的顾客实现90%的配送承诺。"这样的空洞套话没什么大用。这听起来很精确，但是，除非可以转化为计算机可以按步操作的逻辑，否则就毫无意义。这指的是所有顾客的订单，10个中有9个可以按时送达吗？这指的是那些优质顾客的全部订单会被按时送达吗（那我们又如何定义"优质顾客"）？这指的是所有产品的订单，还是指针对我们的主要产品的订单？那我们对主要产品之外的其他数百种产品（对它们的顾客来说，这些产品也许就占主要地位）的政策又是怎样的呢？

所有问题都需要承担风险做出决策，而且是关于原则的决策。没有这些决策，计算机做不到控制库存。这些决策事关不确定性，哪些事实与这些决策相关很难被清晰定义，因此难以传递给计算机。

因此，如果想要让计算机（或者其他类似的工具）维持平稳的运营，或者对预期事件（比如敌人从远方射来一颗核导弹，或者炼油厂里的原油含硫量超标）做出规定好的反应，必须有深思熟虑的决策。不能再临场发挥，不能再摸索前进、小步微调。小步微调，每一步都具体而微，每一步都近似准确，但每一步都是"虚拟的"（我借用物理学家的一个术语）而非真实的决策。它必须是关于**原则**的决策。

■ 计算机不是刚才所谈到的现象的原因。计算机是个工具，
很可能不是任何事情的原因。它只是让一直在发生的事情
更加引人注目。从小步微调到就原则做决策，这个转变已
经发生很长时间了。在二战期间及其后，这个趋势在军队
中特别明显。就是因为军队的运营规模变得越来越大，而
且环环相扣，要求后勤系统与整个运营体系、与军队的各
个部门密切合作，使得中层指挥官越来越需要掌握他们身
处其中的战略决策的整体框架。他们越来越需要做出真
正的决策，而非只是因地制宜地实施接到的命令。隆美尔
（Rommel）、布莱德利（Bradley）、朱可夫（Zhukov），这些
本来身处第二梯队的将军，之所以能在二战之中崛起成为
伟人，就是因为他们在当"中层经理人"之时，深思熟虑
做出了真正的决策，而不是像老式的骑兵将领那样只知道
冲锋在前。

结果就是，决策不能再只是高层一小群人的专利。组织中几乎每
一个知识工作者，不管用什么方式，自己要么成为一个决策者，要么
在决策过程中能够扮演一个积极的、动脑的、自主的角色。以前，决
策是一个高度专业化的职能，由特定的少数人行使，而其他人则只是
习惯成自然地微调即可。现在，在大型知识型组织这种新的社会机构
中，决策正迅速成为每个部门的一项正常任务，即使不是日常任务。

能否做出有效决策，对于每个知识工作者（至少对于那些肩负重任的知识工作者）能否做到卓有成效，正日益起着决定性的作用。

■ 技术要求我们从微调转向决策的一个好例子是受到热议的"项目评估和审查技术"（Program Evaluation and Review Technique，PERT）。PERT旨在为高度复杂的项目（例如设计和建造一艘新的太空飞船）的关键任务开发出一个路线图，其方式是对工作的每一部分、工作的前后顺序、每一部分的截止日期预先做出规划。结果就是，临时调整大大减少了，替代它们的则是需要承担风险的决策。运营人员最初几次规划PERT日程表，几乎每一个判断都会出错，因为他们还是按临时调整的习惯来工作，而现在要做的是系统的、承担风险的决策。

计算机对战略决策有同样的影响。当然，计算机做不了战略决策。计算机能做的（更准确地说是有潜力做的，因为至今尚未实现），只是基于我们就不确定的未来所做出的假设，推断出所能得出的结论，或者反过来，基于已经确定的行动计划，推断出其所依据的假设。再说一遍，它能做的就是计算。因此，它要求管理者先一清二楚地进行分析，尤其是对决策需要满足的边界条件进行分析。这要求管理者承担很大的风险。

计算机对决策还有其他影响。例如，如果使用得当，它可以让高管不再眼睛只盯着组织内部事件。他们之所以这么做并受到诟病，是因为可靠的信息要么完全缺乏，要么来得太迟。计算机应该让管理者更容易走出去，亲自观察外部，也就是组织取得成果的唯一地方。

计算机也可能改变决策过程中的一种典型错误。一般来说，我们容易犯把通则当作特例的错误，容易只是对"症"下药，而非去除病根。然而，计算机只能处理通则，因为逻辑就是处理通则的。也许以后我们会容易犯这样的错误，把真正独特的例外事件当作通则的一个特例来处理。

■ 上面谈到的趋势，解释了为什么人们抱怨计算机在替代军人凭借经验做出的判断。这可不只是高级军官发牢骚那么简单。试图把军事决策标准化的这种尝试，遭遇的最有力的攻击来自一个非军方的杰出的"管理科学家"，索利·朱克曼爵士（Sir Solly Zuckerman）。他其实是英国著名的生物学家，也担任英国国防部的顾问，是计算机分析和运营研究方面的先行者。

计算机最大的影响来自其局限性。其局限性驱使我们必须做决策，驱使中层经理人从运营者变成管理者和决策者。

即使没有计算机，这本来也会发生。大型组织，比如像通用汽车这样的企业组织，或者像德军总参谋部那样的军事组织，很久以前就把运营作为真正的决策来组织，这是它们的主要优势之一。

运营经理人越早学会做出决策，即就风险和不确定性做出真正的判断，我们就能越早克服大型组织的一个基本弱点——走上高层职位的人在决策上欠缺训练和考验。如果只是靠微调而非深思，只是靠"感觉"而非知识和分析，就能在运营这个层面处理好各种事情的话，那么这些运营人员（不管他们是在政府、军队中，还是在企业里）一旦成为高层管理者而面对战略决策，就会欠缺训练、欠缺磨炼、欠缺考验。

计算机当然不可能把一个办事员变成决策者，就像计算机不可能把一个中学生变成数学家一样。但是计算机会驱使我们尽早在只能当办事员的员工与有潜力成为决策者的人才之间做出区分。它会容许后者（也许是驱使后者）去专门学习如何有效决策。除非有人这么做，而且做好，否则计算机连计算这件事都做不了。

人们有充足的理由对计算机和决策的关系感兴趣。但不是因为计算机会"替代"人们决策，而是因为在计算机替代人们计算之后，组织中的人从上到下都不得不学习成为管理者，学习做出卓有成效的决策。

结 论

# 卓有成效只能学会

THE EFFECTIVE EXECUTIVE

本书建立在两个前提之上：

- 管理者的职责就是卓有成效
- 卓有成效能够被学会

管理者以卓有成效来换取报酬。对于他为之工作的组织，他需要做到卓有成效。那么，一个管理者需要学些什么、做些什么，才配得上管理者的称号呢？为了回答这个问题，整体而言，本书把组织绩效和管理者绩效本身作为了目标。

卓有成效能够被学会，这是第二个前提。因此，本书把管理者绩效的不同维度呈现了出来，其先后顺序是为了方便读者自学。这当然不是一本教材，原因之一是尽管卓有成效可以学，但无法教。毕竟，卓有成效不是一个"科目"，而是自我修炼。贯穿本书始终的是这样一个问题："在组织中，在管理者每天的主要工作中，卓有成效是怎么产生的？"而下面这个问题几乎没有被问到过："为什么应该卓有成效？"卓有成效被视作理所当然的目标。

然而，回过头来看各个章节中的论证和结论，会发现从中浮现出的管理者卓有成效的另一个层面，与前面谈到过的都非常不同。这就是：卓有成效对个人发展、组织发展和社会发展都非常重要。

1. 通向卓有成效的第一步是**记录时间使用情况**。这一步是程序化的，甚至是机械式的。管理者都不需要亲自动手做这件事，最好由秘书或者助理来做。但是，即使管理者只做了这一件事，他也会有明显的提升，而且即使不是马上见效，也会很快。如果把记录时间使用情况这件事坚持下来，就会推动一个人走向卓有成效的下一步。

**分析管理者的时间**，消除浪费时间的因素，这么做就要求采取一些行动，就要求做出一些初级的决策，就要求一个人在一定程度上改变其行为、人际关系和关心的事物。它会就时间的各种用途的相对重要性以及不同活动及其目标的相对重要性提出一些问题。它会对你完成的许多工作的水准和质量产生影响。不过，每过几个月整理一份清单（也就是填写一张表格）就可能做到这些。这样做主要还是处理利用最稀缺的时间资源的效率问题。

2. 然而，下一步处理的是效果问题。这一步要求管理者**把眼光专注在贡献上**，从关注过程变为关注概念，从机械记录变为深入分析，从关注效率变为关注结果。这一步要求管理者想清楚：自己为什么该领工资，自己该做出怎样的贡献。这其实没什么复杂的。管理者就自己的贡献要问自己的问题仍然是直截了当的，在一定程度上是有章可循的。不过，对这些问题的回答应该让管理者对自己提出高要求，让他思考自己的目标和组织的目标，让他关心价值观的问题。最重要的是，这些问题要求管理者承担责任，而非只是像一个下属那样行事，只要"让上司开心"就心满意足了。换句话说，专注于贡献要求管理者在方式和手段之外，还要深入思考目标和目的。

3. **用人之长**本质上是体现在行为中的一种态度。它本质上是对人的尊重——不仅对他人，而且对自己。它是价值观在行动中的一种体现。不过它仍然需要"干中学"，在实践中让自己成长。通过用人之长，管理者可以把个人目标和组织需求，把个人能力和组织成果，把个人成就和组织机会合而为一。

4. 第 5 章"要事第一"是"认识你的时间"那一章的续篇。这两章也许可以说是管理者卓有成效得以建立的两大基石。但是这一步不再处理资源（也就是时间）的问题，而是处理最终产出（也就是组织与管理者的绩效）的问题。此前记录和分析的活动不应该是环境强加于我们的，而应该是我们在环境中有意为之的。我们在这一步开发出来的不是信息，而是远见、自立和勇气这些品格，也就是领导力。这不是天纵英才的领导力，而是更加平淡但更加坚韧的领导力，是一种具有献身精神、决心与坚定目标的领导力。

5. 最后两章讨论的**有效决策**关注的是理性的行动。对管理者来说，前方不再是一条路标清晰的平坦大道，只需要信步走下去就能卓有成效。不过，仍然有测绘师留下了路标，清晰地指示着从这一站通往下一站的方向。比如，如果说管理者识别事件模式并找出其背后的一般性问题是这一站，而设定决策要满足的边界条件是下一站，那么，尽管管理者怎样从这一站到下一站的指示还不够具体（那得看面对的具体情境到底是怎样的），但是管理者需要以怎样的顺序做哪些事，应该已经足够清晰了。管理者遵循这些路标的过程，也是培养和训练自己做出负责的判断的过程。有效决策既要求遵守程序，也要求进行分析，但是归根到底还是一种行动的"伦理"。

当然，除了在卓有成效上的训练，管理者的自我发展还有更多内容。他必须获取知识与技能。随着职业生涯的发展，他必须在工作上学习养成大量新习惯。他有时候还需要去除一些旧的工作习惯。但是，除非管理者首先在卓有成效上对自己进行培养，再多的知识、再高的技能、再好的习惯，也发挥不了太大作用。

成为一个卓有成效的管理者，不是什么值得沾沾自喜的事情。这就是把自己该做的工作做好而已，就像其他无数人一样。不会有什么人把这本小书跟克尔凯郭尔<sup>⊖</sup>（Kierkegaard）的杰作《基督教的训练》（*Training in Christianity*）相提并论，尽管两者的主题都是自我发展。一个人的人生，肯定有比成为一个卓有成效的管理者更为高远的目标。但是，恰恰因为这个目标足够卑微，以至于我们有实现它的希望，可以造就现代社会及其组织需要的千千万万的卓有成效的管理者。如果我们要求造就圣人和诗人，或者哪怕只是一流的学者去填补其中的知识性职位，那么不仅大型组织将变得荒谬可笑，而且这个目标根本就无法实现。大型组织的需求必须通过寻常之人取得不寻常的绩效来满足。这就是卓有成效的管理者要做的事情。这是个卑微的目标，每个人只要努力去做都可以实现。把自己造就为一个卓有成效的管理者才是一个人真正的发展。这是从机械式行动到态度、价值观和品格的发展，从照章办事到倾心投入的发展。

卓有成效的管理者的自我发展对于组织发展至关重要，无论这个组织是企业、政府机构、研究实验室、医院，还是军事机构。组织以此而取得绩效。努力追求卓有成效的管理者会提升整个组织的绩效水准。他们会提升人的眼界，不仅是他人的，而且包括自己的。

结果，组织不仅能够把事情做得更好，而且能够做不同的事情，能够立不同的志向。培养管理者的卓有成效会对组织已有的方向、目标和目的提出挑战。这样做会把人们的眼光从专注于问题转向看到机

---

　　⊖　著名哲学家，存在主义哲学的代表人物，为基督徒。——译者注

会的远景，从担心弱点转向利用长处。因此，这样做会让组织吸引到能力强、志向远大的人才，并激励他们更加投入，产生更高绩效。一个组织不是因为拥有更优秀的人才而变得卓有成效。一个组织拥有更优秀的人才，是因为它凭借自己的标准、习惯和氛围激励了人才的自我发展。这些标准、习惯和氛围则是组织中的个体在成为卓有成效的管理者的过程中，对自己进行系统的、专注的、有意为之的训练的结果。

现代社会要发挥其功能，如果不仅仅是求得生存，有赖于大型组织的卓有成效，有赖于其绩效、其成果、其价值观、其标准、其对自己的要求。

组织绩效正变成决定性的因素，在经济领域如此，在社会领域（例如教育、医疗保健和知识促进）也是如此。重要的大型组织正日益成为知识型组织，雇用越来越多的知识型员工，这些员工越来越需要成为管理者，需要在自己的工作中为整体结果承担责任，而且基于他们的知识和工作的本质，做出对整体结果和绩效带来影响的决策。

卓有成效的组织并不多见，甚至比卓有成效的管理者还要罕见。当然，也有几个耀眼的榜样，但是总的来说，组织绩效还处于原始阶段。现代大型组织（企业、政府机构、医院、大学）集中了大量资源，然而业绩平淡无奇，内部各自为政，眼睛盯着过去，在决策和行动上则是裹足不前。管理者和组织都需要系统性地努力，养成卓有成效的习惯。他们需要学会养大机会，饿死问题。他们需要努力用人之长。他们需要聚焦，设定优先事项，而不是广撒网捞小鱼。

但是，管理者做到卓有成效肯定是组织做到卓有成效的基本要求之一，而且这自身也是对组织发展的一个极为重要的贡献。

管理者能否做到卓有成效，关系到我们能否期待一个经济上有生产力、社会上有活力的现代社会。

本书已经反复重申，知识工作者正成为发达国家的主要资源。知识工作者也在成为主要的投资对象，因为教育是所有投资中最昂贵的。知识工作者也在成为主要的成本中心。提升知识工作者的生产力是一个工业发达社会特殊的经济需求。这样一个社会中的体力工作者，相对于欠发达或者发展中国家的体力工作者而言，在成本上不再有竞争力。发达国家面对来自低薪酬的发展中国家的竞争，如果想要维护其高生活水准，只有依靠知识工作者的生产力。

迄今为止，就工业发达国家的知识工作者的生产力而言，情况不是那么乐观。自二战以来，劳动力的重心从体力工作转向知识工作，我认为，这个转变并没有产生惊人的效果。大体来说，不管是生产力还是收益率（这是衡量经济成果的两大指标）都没有明显提升。无论工业发达国家自二战以来取得了多么辉煌的成就，它们确实取得了骄人的业绩，提升知识工作者的生产力仍然是当务之急。管理者做到卓有成效则是其中的关键。管理者本人就是最重要的知识工作者。他本人的水准、标准以及对自己的要求，在很大程度上决定了他周围的知识工作者的动力、方向与投入程度。

更重要的是社会需要卓有成效的管理者。我们社会的凝聚力和优势日益依赖于把知识工作者的心理需求和社会需求与组织目标和社会目标整合为一体。

一般来说，知识工作者不会成为经济问题。他们一般都富足，工作有保障，而且所掌握的知识使其可以自由流动。但是，他需要在他的工作中，需要通过他在组织中的职位，满足自己心理上的和价值观上的需求。在别人和自己眼里，他都是个专业工作者，但他也是一个员工，需要接受命令。他有自己的专业知识领域，但他的专业知识权威需要服从组织的目标。在一个知识领域中，不存在上司或下属，只存在老人和新手。然而，组织要分层级。这些当然不是什么全新的问题。军官团或者公务员系统早就发生了这些问题，而且有了解决方案。但是这些肯定是问题。知识工作者不太会贫穷，但是有疏离的危险（我也使用一下"疏离"这个表示无聊、挫折感和无声的绝望的时髦词）。

19 世纪的发展中国家面临的**主要**社会问题是体力劳动者的需求与经济扩张的冲突，到了 20 世纪，发达国家的主要社会问题是知识工作者的职位、职能和成就感。

即使我们否认其存在，这个问题也不会自动消失。宣称在经济和社会绩效中只存在"客观现实"（正统经济学家都这么做），也不会让这个问题自动消失。那些新浪漫主义的社会心理学家（比如耶鲁大学的阿吉里斯教授）正确地指出，组织目标并不自然而然地带来个人成就感，但就此下结论说我们就该无视其存在，这样做也不会让这个问题自动消失。我们要**两者兼顾**，既要实现社会所需要的组织绩效，也要满足个人对成就感和自我实现的需求。

管理者自我发展以做到卓有成效是唯一可行的答案。这是组织目标和个人需求合二为一的唯一方式。努力做到用人之长（既用他人之长，也用自己之长）的管理者，就是在努力做到让组织绩效与个人成就两者相容。他努力让自己的知识领域成为组织的机会。他通过专注于贡献，让自己的价值观成为组织的成果。

至少在 19 世纪，人们认为体力工作者只有经济目标，只要获取经济回报就满足了。后来的"人际关系"学派则证明，事实远非如此。其实，当经济回报高于生存线时，该看法就不再成立了。知识工作者当然要求经济回报。缺了经济回报他会不满足。但只有经济回报他不会满足。他还需要机会。他还需要成就。他还需要自我实现。他还需要价值观。只有把自己变成卓有成效的管理者，知识工作者才能获得这些满足。只有管理者做到卓有成效，这个社会才能让自己的两大需求和谐共处：组织从个人那里获取贡献的需求，个人把组织作为工具来成就自己的个人目标的需求。卓有成效**必须**被学会。

后 记

# 不要对我说
# 我们刚才的会议太棒了

THE EFFECTIVE EXECUTIVE

德鲁克在他长寿的一生即将结束时，被问到自己最大的贡献是什么。他这样回答："我会这么说，我帮助了一些好人做正确的事，从而使其做到卓有成效。"

在其 60 年的写作生涯中，德鲁克写下了数以百万计的开创性的文字，而其中最重要的一个词是**卓有成效**。他说，卓有成效是"把正确的事做好"。

人们通常认为卓有成效就是把事情完成，德鲁克的定义则有更丰富的寓意。实际上，这本书还要求你成为你自己，要求你超越你自己，要求你带着勇气去工作。

成为你自己，意味着界定并打造你自己独特的长处。

1980 ～ 2003 年，彼得·德鲁克担任投资机构爱德华·琼斯公司（Edward Jones）高管团队的顾问和老师。该公司在此期间快速成长，一开始仅在美国 28 个州拥有 200 家分支机构，最后在美国、加拿大和英国拥有超过 9000 家分支机构。一开始，爱德华·琼斯公司的管理合伙人<sup>⊖</sup>给德鲁克写信，说他和他的团队把德鲁克出版于 1973 年的经典著作《管理：使命、责任、实践》<sup>⊜</sup>读了很多遍，以至于"我们的书真的被读破了"。德鲁克是这样回信的：

> ■ 我有一个负面评论，但非常重要。不要再谈论如何把你的
> 　组织"德鲁克化"。实际上，不要再读那些不可靠的著作。
> 　你的工作是把你的组织"琼斯化"——只有你认识到这一

---

⊖ 从下文来看，即爱德华·琼斯本人。——译者注
⊜ 本书中文简体字版已由机械工业出版社出版。

点，我才可能对你有点用。否则，我只会成为一个威胁，而我会拒绝担任这样的角色。

爱德华·琼斯对这段话的理解是：不应该把德鲁克的教诲用于使自己的公司成为一家广泛意义上的"卓有成效"的公司，而是要在履行自己的公司与众不同的使命（把投资和财务规划民主化）上做得卓有成效。

然而，只是把与众不同作为指导原则还不够。关于绝大部分管理者，德鲁克这么写道："他们的眼睛盯着努力，而忽略了结果。他们很在意组织和他们的上司'亏欠'他们什么，应该为他们做什么。他们对自己'应该拥有'的职权很敏感。结果，他们使自己变得毫无成效。"

卓有成效的管理者通过聚焦于贡献瞄准了"超越自己"这个目标。这要求管理者的注意力"从他自己的专业、他自己狭窄的技能、他自己的部门"，德鲁克写道，"转移到组织的整体绩效上"。

在《管理的实践》<sup>⊖</sup>一书中，德鲁克转述了一个他心爱的小故事，主人公是三个石匠，有人问他们在做什么：

■ 第一个回答说："我在养家糊口。"第二个一边继续打石头，一边说："我在做全国最好的石匠活。"第三个仰望天空，眼睛里闪过一丝光芒，说："我在建造一座大教堂。"

---

　⊖　本书中文简体字版已由机械工业出版社出版。

第三个石匠可以做到卓有成效。他专注于外部，专注于贡献。当然，他这样做很可能也能够养家糊口。他甚至也可以成为全国最好的石匠。但是对卓有成效的管理者而言，金钱与荣誉只是把正确的事情做好的副产品。

需要注意的是，对石匠来说，一切都从打石头开始。对你我而言也是如此。德鲁克反复强调，卓有成效要求**行动**。《卓有成效的管理者》中的不朽智慧是让我们用来行动的，而非只是用来阅读、用来仰慕的。

唐纳德·基奥（Don Keough），可口可乐公司前总裁，一个传奇性的卓有成效的管理者，是德鲁克的咨询客户之一。基奥这么回忆他们一起度过的时间："每次咨询结束，他会这么告诉我，'不要对我说我们刚才的会议太棒了。告诉我，你周一上班，打算做些什么跟以前不同的事情'。"

基奥这样的管理者通常会发现，德鲁克向他们提出的挑战（让周一跟以前不同）听起来简单，做起来很难。它要求你不仅要搞清楚该做什么，还要想明白不该做什么。

说到底，卓有成效的管理者必须设定大量的劣后事项（自己**不打算**处理的任务），从而使自己能够以精致的清晰度，专注在极少数优先事项上。这是一个令人望而生畏的提议，尤其是身处于今天这个被数据、信息和知识淹没的世界。不管这个劣后和优先事项的清单看起来设定得多么聪明，都总让人觉得还不够聪明。

在《卓有成效的管理者》最触目惊心的段落中，德鲁克这么写道："就设定优先和劣后事项而言，最重要的不是智识上的分析，而是勇气。"

把聪明作为目标对于管理者是致命之罪，与把自己的利益、才华、权力和职位放在首位一样有害。而且，尽管在行动之前应该有分析，但是分析不能**创造**行动，不能提供点燃行动的火花。

这个任务要由勇气来承担。如果缺乏勇气，一个管理者即使想出了史上最佳主意，也只会思前想后，错失时机。有勇气相伴，知识才能变成生产力。

德鲁克所说的勇气，不只是在面对不确定性时敢于行动，而且体现在采取行动的四种具体方式之中："选择未来，而非过去；聚焦于机会，而非问题；选择自己的方向，而非随大流；设定能带来改变的、高远的目标，而非'安全'与容易的目标。"

德鲁克在年轻时（距离他写《卓有成效的管理者》还有很长时间）逃离了极权主义的统治，并寻求一种将其打败的方法。他创建了管理这个学科，不是因为这是个聪明的想法，而是他有勇气提出这样一个问题：他可以做什么来强化社会的体制，从而强化社会本身，以对抗20世纪的恐怖？

德鲁克勇敢地做出了这样的选择：专注于社会未来的机会，而非过去的悲剧；专注于管理创造的机会，而非其解决的问题；专注于自己的方向，即大力提倡一种人文主义的管理实践；专注于自己高远的目标，即让社会变得更有生产力，更有人性。《卓有成效的管理者》一书，也是德鲁克这种勇气的体现。

简而言之，《卓有成效的管理者》是德鲁克给你的礼物，让你可以学习成为你自己，超越你自己，带着勇气去工作。

现在，不要告诉我你觉得这本书太棒了。告诉我：

你周一上班，打算做些什么跟以前不同的事情。

扎卡里·菲尔斯特（Zachary First）

加利福尼亚州克莱蒙特

2016 年 5 月 31 日

译者的话

# 我从《卓有成效的管理者》中学到了什么

THE EFFECTIVE EXECUTIVE

　　我曾经为经理人推荐过 10 本必读书，第一本就是德鲁克的《卓有成效的管理者》。<sup>⊖</sup>这也是我推荐的 10 本书中，唯一的"老书"。

## 一次重读，三个发现

　　在我看来，它是如此重要，因此，我在 2021 年 10 月，带领我的一些读者，他们都是我的《学习之美》一书的读者，但很多人也读过我的其他主要著作，用了一个月的时间，一起"精读"《卓有成效的管理者》这本书。

　　我以前认真读过《卓有成效的管理者》的中文版，而这次因为要承担"领读者"（也就是要做一些讲解的工作）的责任，为了准确讲解德鲁克，我把中英文版进行了对照阅读。

　　这是一次特别的阅读。对我来说是重读，在一定程度上是精读，是第一次中英文对照阅读，也是第一次集体阅读《卓有成效的管理者》。

　　这次阅读让我有了三个令我惊讶的发现：第一，流行的《卓有成效的管理者》中译本存在许多错误；第二，我的这些读者中，有许多人竟然从来没有读过这本书；第三，我的许多管理思想的源头就是德鲁克的这本书。

　　这三个发现也分别对应我与德鲁克的三种关系：译者、传播者、学生。

---

　　⊖　刘澜. 管理十律：商学院不教的临床管理学 [M]. 北京：机械工业出版社，2015：81.

# 第一个发现：译者

第一个发现既让我惊讶，又让我释然。

让我惊讶的是，这本畅销了近 20 年的经典书中译本竟然存在很多错误。比如，我首先核对了"前言"的中文译文，发现如果严格要求的话，可以说几乎每一句都可以有更好的译法。

让我释然的是，以前，我阅读本书中译本觉得很多地方的表述不够清晰，逻辑有些模糊，甚至感觉有些混乱，这让我对德鲁克还产生了一些不解甚至质疑；但是，在对照中英文版之后，我发现德鲁克的表述非常清晰（尽管偶尔会有一两处笔误），逻辑非常严谨——我的不解和质疑，都是翻译得不准确造成的。

我把对早期出版的中译本的意见反馈给了机械工业出版社的相关领导，他们就像德鲁克所赞赏的那些决策者，大度地对待"异议"，也可以说就像德鲁克所赞赏的那些用人之长的管理者，容忍了我喜欢"吐槽"的短处。他们以成果为导向，邀请我翻译一个新的译本。这就是这个译本的由来。

所以，我感谢这第一个发现，它给我带来了一个新的身份，就是德鲁克的译者。

# 第二个发现：传播者

第二个发现既让我惊讶，又让我不惊讶。

我的这些读者（绝大多数都是企业中的经理人）属于我的热心读

者，也可以说是我的粉丝。他们中的许多人竟然从来没有读过《卓有成效的管理者》，这令我非常惊讶。在我看来，这是经理人的必读书，也是我推荐给经理人的第一本必读书。他们不管是作为经理人，还是作为我的粉丝，都应该读过这本书才是。他们为什么没有读过？

不过，这个发现也不是那么让我惊讶。因为，我在最近几年有一个非常大的发现，也可以说是一个非常痛的领悟，就是：经理人不会学习。这也是我写《学习之美》一书的主要原因——教经理人学会学习。德鲁克在其后来的著作中也强调了学会学习的重要性。

提升学习力的一项重要修炼是聚焦。聚焦的要求之一是聚焦于少数作者。德鲁克就是我聚焦的一位作者。不但"聚焦学习"德鲁克，而且"聚焦传播"德鲁克。我刚刚统计了一下，我的《刘澜极简管理学》<sup>⊖</sup>一书，提到德鲁克的名字高达 174 次。这个数字是我自己都没有想到的。我知道自己一直都是德鲁克管理思想的"重度"传播者，但没有想到有这么"重度"。

聚焦还要求聚焦在少数著作上。《卓有成效的管理者》就是我聚焦过的一本著作，也是所有管理者都应该聚焦的一本著作。

我在翻译这本书的过程中，在《学习之美》读者微信群里发了这样一段话：

- 我正在翻译《卓有成效的管理者》的决策部分。因为一字一句都要推敲，我的体会更加深刻了。有时候想，德鲁克说得

---

　⊖ 本书为《极简管理学》（东方出版社 2018 年版）一书的修订版，已由机械工业出版社出版。

真好；有时候想，这跟我的某个观点一致；有时候想，这一句，除了我看懂的人大概不多；有时候想，这一句，德鲁克故意留有破绽；有时候想，这一句，德鲁克真的有个破绽。总的来说，感受是，一句一句学好这本书，管理的80%的问题就解决了。所以，等到这个译本出版后，我们拿着这个译本，读着中文，重新再学一次《卓有成效的管理者》。

我说学好《卓有成效的管理者》，管理的80%的问题就解决了，这不是夸张。这本书不是地图，而是指南针。对于管理中常见的大多数问题，这本书并没有提供具体的答案，但是指出了清晰的方向。

如果你要学管理，那么我会问你：你读过《卓有成效的管理者》没有？你读过几遍？这不应该是一本你只读一遍的书。

## 第三个发现：学生

第三个发现，也就是我的许多管理思想的源头是德鲁克的这本书，倒没有让我很惊讶。因为我一直知道，德鲁克是我从事管理研究最主要的老师。只不过，许多观点在我的脑子里已经如此牢固，我已经忘记了它们的出处是德鲁克的著作，而其中也许大多数是直接来自《卓有成效的管理者》这本书。

我最主要的身份，当然是德鲁克的学生。我之所以是德鲁克的译者和传播者，是因为我是德鲁克的学生。这是我与德鲁克最主要的关系。

柯林斯在为本书50周年纪念版所写的推荐序中，讲了他学到的十堂课。我作为学生，也简要汇报一下我从《卓有成效的管理者》这本书学到的几堂课。

第一，管理你自己。

德鲁克把管理者定义为对组织的整体绩效产生影响的人。这一点对我启发很大，但是我持有不同意见。我认为这样把许多人排除在了管理者之外（也就排除在了本书的目标读者之外），不如把管理者定义得更广一些，更有利于组织中的每个人都承担起管理自己、管理成果的责任。

在本书中，德鲁克认为不能以职位来定义管理者。这一点对我影响很大。德鲁克也认为本书的主题是自我管理。因此，我从德鲁克这里学到的第一堂课，就是管理首先不是管理他人，而是管理自己。管理首先无关乎职位，而是关乎责任和成果。不管你有没有下属，如果你为自己创造成果承担起责任，你就是一个管理者。

第二，管理你的上司。

管理上司这种说法，现在已经不新鲜了，但是不要忘了，德鲁克是在 1966 年提出这一点的。这大概是德鲁克提出来的最重要的职场生存指南。但是，德鲁克不是为了让你生存，而是为了让你卓有成效。德鲁克绝非所谓的"情商高"的人，但是德鲁克知道，为了创造绩效，我们需要管理上司。他也让像我这样不关心人情世故但是关心结果和绩效的人明白了这一点。

我在《管理十律》一书中提出了管理的五个维度：管理不仅有向下的维度（管理下属），还有向上的维度（管理上司）、平行的维度（管理平级）、向内的维度（管理自己）、向外的维度（管理顾客）。这个观点对我的某些读者产生了积极的影响，其实这个观点是来自德鲁克的启发。

除了管理自己和上司，德鲁克对其他三个维度也有很精彩的论述（比如本书中多次倡导的亲自走出去察看，就是向外管理的重要方式）。

第三，用人之长。

德鲁克讲述的林肯总统任用格兰特将军的故事，令我印象深刻。德鲁克用人之长的观点，对我有非常实际的影响。它让我改变了我看待自己、看待下属、看待他人的重点。更准确地说，它让我努力在这方面做出改变。

第四，聚焦。

我在《刘澜极简管理学》一书中提出："聚焦于关键少数，这是最重要的管理原则。"我的这个貌似大胆的观点，其实是重弹德鲁克（以及深受德鲁克影响的马利克）的旧调。它源于德鲁克在本书中的一句话："如果说卓有成效有唯一'秘诀'的话，那就是聚焦。"我自己作为管理者和管理者的老师的多年经验，一直在验证德鲁克这个观点的正确性和重要性。

聚焦非常重要。用人之长和要事第一都是聚焦。前者是在用人上聚焦，后者是在做事上聚焦。德鲁克在本书中不止一次提到的"养大机会，饿死问题"则是同时在用人和做事上聚焦。

我在自己的书中也强调了聚焦要事的重要性，并具体列出了管理者的共性要事。管理者的日常工作，应该聚焦在这些共性要事上。重读《卓有成效的管理者》，让我发现了我跟德鲁克尽管都强调要事第一，但是侧重点不同：他强调的要事是以年为时间单位的，我强调的要事是以日、周为时间单位的；他强调的要事是战略性的，我强调的要事是运营性的。

第五，做决策，而非做决定。

我最早是在《领导力十律》<sup>⊖</sup>一书中区分了决策和决定。它们的核心区别是：决策是一次解决一批问题，而决定是试图一次解决一个问题，但是常常不能真正解决问题；决策是对"因"下药，决定是对"症"下药。重读《卓有成效的管理者》，让我意识到这个观点其实来自德鲁克。

德鲁克在本书中提出，决策过程要问的第一个问题，就是："这是一个一般性问题，还是一个特例？"他认为，只有就前者所做的决策，才是真正的决策。

德鲁克用英文写作，使得他无法区分我所说的决策与决定，因为两者的英文都是 decision，所以他只能把我所说的决定称为"具体问题具体分析""临场发挥""微调"，等等。我对决策和决定的区分，只是对德鲁克思想的重新表述。

## 我还学到了三堂课

我至少还可以写有五堂课，是我从《卓有成效的管理者》一书中所学到的。不过我不打算写那么多。我再写三堂比较特别的课。它们并不直接来自德鲁克在本书中的文字，但都多多少少跟这本书有关系。

第一堂课来自我读这本书的过程。

前面说了，我带着一群人读《卓有成效的管理者》这本书。但

---

⊖　刘澜. 领导力十律 [M]. 北京：机械工业出版社，2013.

是，有人在一开始听到我说这本书的中译本有一些错误之后，就不愿去读中文版，而又读不懂英文版，于是干脆就不再去读这本书，只是像听课一样听我每天的"领读"。

我发现后，对此加以批评，要求大家一定要自己读，不能只是让我"嚼饭喂人"，因为哪怕阅读翻译得不准确的中译本，也能学到很多东西。我就是一个例子。我以前读的就是翻译得不准确的中译本，但是仍然学到了很多东西。

这也是我学到的第一堂课：伟大的思想，哪怕翻译得不够准确，仍然闪闪发光。

美国诗人罗伯特·弗罗斯特（Robert Frost）有句名言："诗歌就是在翻译中失去的东西。"也许我们可以说，伟大的思想，就是经过不那么准确的翻译之后依然会闪闪发光的东西。德鲁克的思想就是如此。

第二堂课则是结合了柯林斯的影响和德鲁克的洞见。

我跟本书推荐序作者吉姆·柯林斯曾经有一次对话。<sup>⊖</sup>柯林斯讲到，约翰·加德纳（John Gardner）有句话对他影响很大：不要做有趣（interesting）的人，而要做对事物感兴趣（interested）的人。柯林斯转述的这句话，给我留下了深刻印象。

我之前（结合我关于学习的思想）是这样理解这句话的：有趣的人是谈吐风趣、知道很多东西的人，是碎片化学习者，是"浅学习者"，甚至是"伪学习者"。对事物感兴趣的人则是深入钻研少数事物本质的人，是模式化学习者，是"深学习者"，是"真学习者"。

---

⊖　刘澜. 领导力的第一本书：听大师讲领导力 [M]. 北京：机械工业出版社，2016.

这次重读《卓有成效的管理者》，看到柯林斯的推荐序，我又想起了那句话，觉得还可以结合德鲁克的思想来理解。有趣的人是关注自己的人，是表现自己的聪明、卖弄技巧的人，对事物感兴趣的人则是对贡献、成果、绩效感兴趣的人。

这是我学到的第二堂课：不要追求"有趣"，而要追求"对事物感兴趣"。而且，不是对任何事物都感兴趣（那样其实是在追求"有趣"了）。我加深了对这句话的理解。

第三堂课则是来自本书后记中的故事。

我以前就读到过这个故事。我以前在脑子中记下的这个故事的版本是：德鲁克说"不要说我讲课讲得太好了。告诉我，你们听完课打算采取什么行动？"。

这是我学到的第三堂课：不落实到行动上的学习都是假学习。

有时候，我在讲完课后会直接讲这个故事，并问大家同样的问题。

我在前面提到，我的一些热心读者，相当于我的粉丝，我们有一个微信群。我在翻译本书后记的时候，因为再次读到这个故事，再次受到这个故事的冲击，于是在微信群中说了这样一段话："我不是明星，所以没有粉丝。我是一个老师，所以我只有学生。如果你是我的学生，你告诉我，你从我这里学到了什么，而且把它运用到了你的生活和工作之中？"

如果德鲁克问我这个问题，我会怎么回答呢？这篇"译者的话"，可以看作我的一些粗浅的回答。希望我下次可以回答得更好一些。

刘澜